U0069810

飛地出版

區塊鏈社會學
金錢、媒體與民主的再想像

The Sociology of Blockchain:
Reimagining Money, Media, and
Democracy

高重建 著

■■自序——寫了二三十年的書

雖然實際執筆時間只有新冠肺炎肆虐期間的兩三個月，但對我而言，《區塊鏈社會學》更像是寫了二三十年。

自小喜歡電腦，1993 年入讀中大主修計算機工程，正值互聯網進入民間，大學生是少數擁有電郵地址、可以使用 Mosaic 瀏覽器上網甚至編寫網頁的一群，我大為沉迷。但也是在大學生涯，我接觸到社會科學以至更廣闊的世界，高度懷疑資訊科技如何影響社會、個人專業到底讓社會變好、還是變壞。

我尋找答案，不得要領。社會科學的理論尚未懂得理解互聯網，反過來，想在工程的畢業論文研究互聯網對社會的影響，卻沒有教授願意接這樣的題目、這樣的學生。我用計算機工程和社會科學分別填滿主修和副修的學分，在香港主權移交之際，草草畢業。

畢業後一直圍繞資訊科技團團轉，想確認科技正面影響社會的想法，念茲在茲。因為創業，相對有空間做決定，一有機會就不安分，企圖以科技介入社會。比如使用開源軟件提供解決方案，讓中小企得以負擔，現在看來理所當然，20 年前卻遇到很大阻力，「出了事誰

負責？」的質疑我早就「耳熟能詳」，並非近年推動區塊鏈後才面對。

　　此後的 18 年，我大部分時間從事手機遊戲，對一些人來說是純粹娛樂，但對我來說，得以在數位空間按自己的價值觀建構世界，卻是千載難逢實踐社會科學理論的機會。在競爭極度激烈的商業叢林，我經常任性地進行社會實驗，投資人語重深長地跟我說，「回饋社會這種事，他日再說也不晚。」他是對的。生意我沒做好，遊戲改變社會的嘗試也流於小打小鬧。

　　然後，我遇上區塊鏈，再一次感受初遇互聯網時那種震撼。再然後的探索，一一記錄在本書的各個章節。在此感謝天窗提供書寫空間，還有編輯、設計和發行團隊的支持，讓我「打開天窗，敢說亮話」，在這個言論自由不斷被壓榨的時代，彌足珍貴。（本書初版由天窗出版社於 2020 年推出。）謝謝 LikeCoin 的同事們把實務工作都處理好，讓我得以「不務正業」。也感謝這幾年來支持 LikeCoin 和 DHK dao 的所有人，這些人當中很多聽不懂我講什麼，純粹因為相信我而支持，讓我既高興又糾結，希望閱畢本書，大家不用再支持得不明不白。

　　《區塊鏈社會學》重理論，更重實踐；談科技，更談人文；寫給

當下，更寫給未來；為自己寫，更為社會而寫；很卑微地完整論述，卻也決心為時局指出新路徑。最終能走得多遠，帶來什麼影響，我毫無概念。這種心情是熟悉的，我還清楚記得，一年前（2019 年）的 6 月 9 日，我跟潔平和 Matters 的幾位同事開會至中午，聊起接下來的遊行，大家都說心裡完全沒底，但對於必定出席都覺理所當然，最低限度是對歷史的交代，況且，結果誰能預料呢。

除了談判與抗爭，要實現民主更不能被阻擋的路徑，是創造。當本書創造價值與民主的倡議讓你覺得很「理想化」、難以實踐，不妨想想過去一年發生了的事情，書中的構想，也不是那麼瘋狂的一回事吧。歷史得由人去創造，結果，誰能預料呢。

最後，僅以本書悼念年前逝世的父親高治本。我不信姓名決定命運，但亡父叫治本，而我叫重建，也許冥冥中有主宰，讓我堅持針對問題之根本，重建家國。

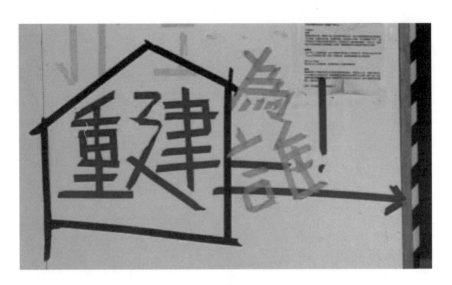

東九龍重建地盤圍板。

■推薦序——言論自由的下一課

張潔平（Matters 創辦人）

我們這一代人都信奉這句話：「我不同意你的觀點，但我誓死捍衛你說話的權利。」

下一代人還相信與否，我不知道。但我知道，時至今日，僅僅實踐這句話，確實是不夠用了。

這句話是有前提的。它的前提，可以上溯到寫下《論出版自由》的彌爾頓。彌爾頓認為，只要沒有外力管制，令不同的意見自由流動，真理必然勝出。他的名言是：「讓真理與謬誤交手吧。誰又看見過真理在自由而公開地交手時吃過敗仗呢？」保護言論及出版自由的美國憲法第一修正案，正是這一古典自由主義理念的直接體現：只要公權力靠邊站，在足夠長的時間裡，各種意見與觀點自由發表、自由競爭，市場自然會給一個好結果。

然而，我們正身處的資訊世界，那些以光速在人際之間傳播的假新聞，那些黑洞一般自說自話、彼此老死不相往來的平行世界，那些

橫亙在平行世界之間恨意滿滿的深淵，令每個人都可以親身感受到，現實並非如此。

科學論文也以今天的傳播現實數據，推翻了彌爾頓的結論：2018年3月，MIT研究團隊在 *Science* 雜誌發表關於 Twitter[01] 的研究報告，爬梳了 2006-2017 年十年間來自三百萬用戶的 Twitter 貼文，得出一個簡單明了的結論：假新聞比真新聞跑得快、跑得遠。這個結論還毫不留情地剔除了人們的僥倖心理：剔除了機器人（bot）也一樣。

言論自由之後，市場失靈，何解？如何修復？誰有資格介入？什麼機制才是在言論市場上，能得到公眾信任的「看不見的手」？

放下技術恐懼，仔細審視難題產生的原因，是我們能做的第一步。

為什麼資訊市場會失靈？

原因之一當然是話語權放入每一個人手中，發佈資訊不再有任何專業門檻，所形成的資訊爆炸和表面失序。這是一個人類世界從沒有

---

01)　2023 年更名為 X。

面臨過的局面：人人都可以說話，互聯網令資訊在人際網絡之間的擴散速度提高了無數倍，同時也讓不同人看見的資訊世界越來越不同。

如果對原因的分析只停留在這裡，很容易導向結論是提高發佈資訊的門檻、約束傳播的秩序。「自由太多了，所以要限縮自由」——這就跨入危險的權力集中陷阱：誰來控制門檻？誰來約束秩序？如何保證公權力的範圍不會因此過度擴大，而帶來更長遠的自由危機？

但是，市場失靈的真正原因並不是開放了太多的話語權，而是在充分開放話語權之後，由以逐利為最大目標的商業公司主導了資訊市場的規則，卻沒有建立起相應的公共政策。

這裡所說的「規則」，是篩選資訊的方式與權力，它決定了在人人都可以說話時，什麼聲音才可以被聽見。以 Facebook 為代表的巨型社交網絡平台，定義規則的方式是對用戶「投其所好」——演算法收集你的所有行為數據，進行計算，根據對你的喜好分析，推送給你喜歡的、常常互動的資訊，你不喜歡的、不常互動的資訊，即便關注了，也很難被推送到給你看見。

如此規則設定，相比資訊的發佈與轉播來說，是一層更為隱形、

也更爲關鍵的基礎結構，從公共角度，它當然會加速同溫層的內捲，破壞社群共識形成的可能，將社會推至一個越來越極化的境地。這樣設定的原因，則來自商業公司的逐利本能：社交平台最大的營收來源，就是用戶投入在平台上的時間（注意力），和隨著時間增長逐漸累積的海量行爲數據，這些數據被平台壟斷，精準分析之後，賣給廣告商，對用戶進行精準投放，實現商業回報。因此，社交平台的目的只有一個，怎樣能把用戶越來越長時間地留在平台上，怎樣令用戶上癮，怎樣投其所好，而當然不會是關心資訊世界的公共秩序。

以前，言論自由要對抗的，是政治權力對話語權的壟斷，政府不能決定誰有資格說話。這一層對抗並不能放鬆。但今天，我們要對抗的新事物，還有商業權力對資訊「篩選權」的壟斷，商業公司決定了誰能被聽到，這才是最關鍵的錯誤。它同樣會被政治權力利用。

言論市場失靈，正是源自這樣的土壤：我們以爲自己活在全知的資訊世界裡，但實際上，它被更精緻、更強大的遊戲規則設定，讓我們對自己失去了什麼茫然無知。我們以爲大家活在同一個世界，實際上每人看到的世界截然不同。當意識到這一點的時候，大多數人既沒有力氣，也沒有能力走進他人的世界，產生的更多是厭倦。

　　資訊戰也是在這樣的基礎上，才如病毒一般有效：資訊戰的武器，並不是虛假內容本身，而是被它調動起憤怒或者厭倦情緒的我們每一個人。資訊戰的目標，不只是抹黑單一對象，更是讓你什麼都不信。大量製造假話的結果是，真相沒有人聽見，聽見了也沒有人相信，社會進一步分化、極化，令民主失去基礎。

　　面對言論市場失靈，當然不是要退回到言論管制。我們真正應該探索的，是三個方向：一、自上而下地約束商業公司的權力，令他們承擔起必須要承擔的公共責任；二、自下而上地培育數位世界裡的公民意識，提升作為一個數位公民的權利自覺：行為數據的所有權、隱私的記錄與保護、注意力所得商業利益的分潤，資訊的篩選權，等等；三、也是最根本的，探索適合言論市場的「看不見的手」應該是什麼樣的機制。

　　第一件事，歐盟等政府在做。第二件事，許多教育機構、民間組織在引入這樣的培訓。第三件事，則是今天世界各地去中心化的互聯網運動中，著力在探索的。

　　我想閱讀這本書的讀者，都會對第三件事感興趣，許多也都是在自由與安全的選擇題裡，選擇自由的那一類人。我們相信，在話語權

下放到每個人的世界裡，不要重新依賴「大台」去約束和再分配；我們需要、也必然應發展某種「無大台」狀態下，避免壟斷、但求得共識的機制。區塊鏈技術與密碼貨幣運動，正正提供了這一方向上，最大量的想像與實踐。

我曾是一個媒體記者與編輯，創業做 Matters 這個去中心化的寫作平台，正是為了進入上述的探索。在這個方向上，我最好的老師是高重建。他堅持將區塊鏈與密碼貨幣放在社會設計的願景下去思考，用最新技術的激盪，促進一些我們這個社會最基本問題的思考——比如貨幣、信任、權利的主張與邊界、價值的度量與交易，更回應香港當下的諸多局面，而不是矮化它們為資本熱詞或者投機利器，實在是我們作為讀者的福氣。

2024 年版前言 ｜ 四年人事幾番新

2020 年 7 月，分別發生了幾件事：《港區國安法》生效；我在《明報》的專欄結束後，開始《蘋果日報》專欄 #decentralizehk；《區塊鏈社學會》出版。當時我意料不到，這三件並無關聯的事，都對我日後的生活產生了重大影響，尤其是本書。

可不是說洛陽紙貴，我從此過著富足的生活，成為名人之類，而是寫作出版逼我想清楚怎樣理解這個世界，身處國家機器當中如何自處，還能積極做些什麼，而恰恰這些想法在當下尤其重要，《區塊鏈社會學》遂成為我人生下半場的初稿，描繪我如何跟社會互動的輪廓，確立「人文為體，科技為用」的定位，讓我重新發明自己。

當初撰寫本書時，我一直提醒自己避免時效性太強的內容，盡可能做到十年後拿出來看也不會過時，結果談何容易。有說十年人事幾番新，區塊鏈更像蟲洞般壓縮了時空，比特幣（Bitcoin）減半週期的四年，就足以讓人事幾番新。當下重讀作品，慶幸技術原理和核心理念依然成立，然而書中提及的專案大部分有所改變，以我聯合發起的 LikeCoin 為例，執筆之際我正在草擬 LikeCoin 3.0 綠皮書，如獲社群

提案採納，書中介紹到的 LikeCoin 應用機制及治理流程，都會更新。

專案開發迭代雖然讓部分內容過時，但當成舊照片看，比對當年今日，也有另一番風味、另一種意義，因此即使停滯不前甚至關門大吉的案例，包括 Facebook Libra、Voice、Minds 等，在新版中均予以保留，只附以註釋說明。短短幾年已經出現多個失敗案例，像在給我打臉，讀者或會懷疑，區塊鏈真的能實踐麼，還是說只是曇花一現的概念，炒作過後就沒有然後？在我看來，創新本來就九死一生，再加上區塊鏈相關的專案不單面對商業競爭，還有來自體制的壓迫、定見等阻力，我不會因為幾個案例以失敗告終而失去信心。

價格與價值均大幅提升

事實上，總體而言，區塊鏈產業各方面都比四年前成熟得多。對於一般人如何理解區塊鏈及密碼貨幣，我沒有調研數據，但作為發起專案的項目方，我有的是第一身經驗，清楚記得 2017 年發起 LikeCoin 時大部分人完全不理解，甚至認定密碼貨幣通通是行騙，到本書初版的 2020 年情況稍有改善，多數人聽過、部分人敵視、少數人理解，再到 2024 年幾乎人人都或多或少聽過，即使不明白也不至於把我視為騙子。普羅大眾改觀是個大躍進，不是因為我有多怕被

當成壞蛋，或者幣價就能因此造好，而是一般人至少不反感才有意願
去了解，進而成為用戶。

至於幣價的變化則更明顯。參考整個產業的指標比特幣價格，
在幾個為期約四年的牛熊週期，高位分別為 2017 年底的 19,665（美
元，下同）、2021 年底的 67,617，和暫時 2024 年初的 73,097；至於
歷史低位，近兩個週期分別為 2015 年初的 206、2018 年底的 3,687 和
2022 年底的 16,172，可見即使比特幣價格非常波動，但每個週期均
是持續向上。疫情總算過去，各國大量印鈔引發的通脹卻歷久不衰，
更加凸顯不受環境影響、增發量持續減少的比特幣，只此一家。

價格只是反映散戶及機構的投資和投機心態，價值才是重點。價
值雖然沒法量化，但可以透過區塊鏈基建和應用評估，參考規模僅次
於比特幣，以應用為核心的以太坊（Ethereum），四年前每秒只能處
理可憐兮兮的 15 個交易，每當出現受歡迎的應用就大塞車，而且每
筆交易的費用非常驚人，往往過百甚至過千美元，極端情況到達難以
想像的天價，純粹視乎用戶為搶單子的出價；來到 2024 年，以太坊
經過多次更新，透過第二層網絡，每個網絡的容量大幅提升至理論峰
值每秒 1,000 筆交易，交易成本也大幅降低 99% 以上，一般都在一美
元以內，簡單的交易以美分算，有時由項目方代付。

除了吞吐量低、交易費高，區塊鏈亦以難用「馳名」，用戶一怕丟失私鑰，二怕被盜被騙，都會因此失去所有資產。反人性的用戶體驗不但嚇怕新人，有時連老手都摸不著頭腦，連自問經驗不少的我也必須承認，有時會看不懂簽署的交易內容，只能憑周邊的蛛絲馬跡判斷是否可信。高門檻把「善男信女」推往各種託管方案，有違自主管理的核心精神之餘，也讓資產集中於中心化交易所，到了 FTX 等多家管理不善的交易所爆破，對產業造成沉重打擊。

即使我身為區塊鏈「大好友」，也認為用戶體驗方面的改進於過去幾年乏善足陳，主流的私鑰保存方案和簽署介面，四年前後分別不大。可幸的是，工程師不只著重程式碼，設計師也沒有偷懶，過去幾年在用戶看不見的底層播下種子，準備好從根本改善用戶體驗所需的基礎建設，如全球資訊網協會（W3C）及線上快速身分驗證聯盟（FIDO）推動，於 2022 年獲微軟、蘋果、谷歌支持的通行密鑰標準（passkey），以及以太坊社群於 2021 年發起的帳號抽象化（ERC-4337），都為免記密碼、社交恢復帳號等操作方式打下穩健基礎，平衡保安與便捷。當拋開舊有包袱的錢包軟體和分散式應用於未來四年逐漸流行，新進入區塊鏈世界的麻瓜將不會知道什麼叫助記詞，假以時日，對於新入網的用戶，「密碼」會像「芝麻開門」般，是只出現在民間故事的概念。

小國加持　中美妥協

　　民眾之外，過去四年體制對區塊鏈和密碼貨幣也逐漸從抵制到接納。首先不得不提的是薩爾瓦多於 2021 年把比特幣定為法償貨幣，跟美元並列。身處已發展國家的我們，大部分對這個位於中美洲的國家所知不多，該國人口比香港還少，2022 年的國民生產總值約為香港 9%，無論哪個層面都只算小國，但反過來看，即使小國也能逆美帝意旨，頂住國際貨幣基金組織壓力，選用一種發行量不受聯合國、任何政府或組織左右的資產作法償貨幣，卻又更加凸顯比特幣及分散式技術的重要性。來到 2024 年，推動比特幣成為法償貨幣的總統布格磊連任，另一邊廂，百多年前輝煌顯赫的阿根廷正跟薩爾瓦多取經，醞釀有樣學樣，比特幣有望逐漸獲得更多國家採納成為法償貨幣。

　　以往每當有人問及是否擔心各國聯手抵制比特幣及其他密碼貨幣，我總是樂觀地指國與國之間存在競爭，博弈關係會使得列強無法達成共識一同抵制比特幣，退一步，萬一強國真的聯手抵制比特幣，小國也定必人棄我取，爭取機會洗牌，擺脫美元霸權。雖然我說得有信心，畢竟這些話純屬推理，況且過去幾年美中兩國的關係持續緊張，高科技企業紛紛被逼選邊站，只有極少數非常獨特、兩國都沒條件失去的產品，才有條件「食兩家茶禮」。

　　來到 2024 年，區塊鏈的獨特性得到證實。美國方面，證券交易委員會先後通過比特幣和以太幣現貨 ETF，說明即使美元霸權有可能被密碼貨幣動搖，這個全球最大經濟體都沒法全力抵制，頂多只能嘗試以華爾街吸納。另一邊廂，過往多次以各種形式封殺密碼貨幣的中國，全面接管下的香港也於相若時間批出比特幣和以太幣現貨 ETF，甚至高調宣布要打造「虛擬資產中心」、成為「Web3 樞紐」云云，即使企圖實現的是資產託管生態而非真正意義的自主管理，至少反映政府不想、或者無法把密碼貨幣定性為洪水猛獸，予以打壓。

　　至此，無論大國還是小國，真心還是假意，大部分都正在以各種形式採納比特幣，或探討區塊鏈的金融以至其他應用，即使因政黨輪替或地緣政治等因素偶爾反覆，總體而言也是難以回頭的單程路。

　　四年以來，無論是技術發展、公眾認知、體制規管，區塊鏈都取得了顯著進展，而依然為人詬病的用戶體驗也出現曙光，假如下一代分散式應用能夠兼顧易用和安全，一般民眾將能自主管理資產而不是依賴託管，真正實現分散和自主。

Too Simple, Sometimes Naive

　　有讀者認為我對人性和科技過於樂觀，我接受這個批評。然而，既然本書定位現實的「再想像」，我寧可顯得「too simple, sometimes naive」，也不要老成而犬儒，四年過去，我依然堅信由區塊鏈引發的分散式浪潮不可逆轉，時間或會漫長，過程也許顛簸，但最終必然會對金錢、資訊和民主等層面帶來新氣象。

　　新版《區塊鏈社會學：金錢、媒體與民主的再想像》除了全新封面、美術及排版，也因應技術更替重新設計五個習學工作坊，手把手帶麻瓜進入區塊鏈世界。至於內文，為忠實記錄時代和我當時的想法，除了增加註釋、修訂小量錯別字與資料，均保持原汁原味，唯一例外是有關 #decentralizehk 的章節，以及〈區塊鏈共和國〉中的一段，由於《港區國安法》的實施，被不得已刪除，替換上〈DHK：七百萬人上鏈之道〉一文。刪文刪號也許是我國生活日常，但對認真看待每篇文章的我來說，史無前例。然而，我不確定是否最後一次。

　　回看 2020 年 7 月，三件不相干的事，四年後以這個形式關聯起來。四年人事幾番新的，豈止是區塊鏈而已。

第一章	誤解詞典

　　一本談區塊鏈的書，不從解釋何謂區塊鏈談起，怎麼說都有點奇怪。

　　打從 2017 年，比特幣與區塊鏈成為熱門話題開始，我多番在各類場合，以各種方式，跟不同的人介紹區塊鏈。經驗告訴我，與其講上半天最後對方似懂非懂，還不如二話不說，為對方安裝錢包，送上密碼貨幣（cryptocurrency），親身體驗來得實際。

　　我跟產業內的一些朋友，常打趣稱沒接觸過區塊鏈的人為「麻瓜」，互相提醒講話要用「麻瓜語」。「麻瓜」是小說《哈利波特》中，魔法師對於一般人類的稱呼。對於區塊鏈，密碼貨幣錢包就像魔法杖，使用前和使用後，馬上就是 0 到 1 的區別，相對而言，在霍格華茲圖書館讀懂多少魔法書都好，充其量只是蓄勢待發的魔法師。

　　經驗還告訴我，很多時「魔法師」和「麻瓜」聊半天沒有共識，是因為大家連對詞彙的理解都不一樣，區塊鏈的各種理念更是無從說起，畢竟，技術上的公式與邏輯只有懂與不懂，理念的詮釋卻有各種

進路，容易產生誤會。這讓我想起米蘭‧昆德拉在《生命中不能承受的輕》的一章〈誤解詞典〉，細膩描寫男女對愛情、忠誠等核心價值理解的分歧，如何微妙地影響彼此關係，最終帶來別離，遂斗膽向名作致敬，談談「魔法師」與「麻瓜」互相誤解的幾個詞：「價值」、「金錢」、「國家」、「虛擬」以及「學習」本身，作爲討論區塊鏈的基礎。

1.1 學習

區塊鏈說易不易，說難也不見得特別難，但特別之處在於十分顛覆，不斷挑戰常規與社會運作方式，也因此，越有學識的人，越聽不懂區塊鏈。有次我回母校中文大學分享區塊鏈，事前討論內容，教授說我講得太深，同學沒法掌握。但我反倒覺得，對社會運作還沒產生太多成見的大學生，腦筋比較有彈性，才更有機會聽懂。

我有好些熱愛求知求真的朋友，關心哲學、歷史、文學、藝術等各個範疇，學貫東西，對各國歷史政治風土瞭如指掌，談到貨幣的來源，可以不看資料，從以物易物、繩結、貝殼、銅錢、借據到金本位的法定貨幣，再到濫發貨幣然後雷曼爆破，侃侃而談像在 TED Talk 演講，但偏偏就是搞不懂區塊鏈的邏輯。說白了，不是區塊鏈深奧，反而是朋友懂得太多，被世情影響太深了，不懂得或者不捨得 unlearn（反學習），對現體制以外的可能性失去想像力。

學而時習之

「學而時習之」、「學以致用」，甚至「學習」這個詞本身，都是先學後習，或許，那是中國文化的一部分。這種心態很典型，很保

守，也很符合傳統教育一直告訴我們的「按部就班」——先掌握基礎，有一天我們自會用上。歷史上那或許確是不二法門，但科技日新月異的今天，這種理念已經過時，比如有人要看懂互聯網是什麼後才去上網，顯然是不可能的。

小時候打波，大夥兒總是跟老師嚷著要「鬥波」，而老師總是反對，強調必須先練好傳球、射球等。老師希望學生打好基礎的出發點是好，但學習過程的樂趣主要來於實際演練，這是人性。在正式比賽過程中，我們體會到傳球、射球是這麼回事，回頭再練基本功時，便會重新關注細節，對比起把所有基礎練透才上場，效果和趣味都高得多。當然，一些高危活動比如駕駛、跳傘、潛水和攀石等等，學好基本功之前實作會危害安全，足以致命。然而隨著科技發達、虛擬實境成熟，即使是飛行都可以在沙盒環境中練習，安全再不是學而後習的考慮。

習而時學之

這陣子升讀高中的侄兒在選科，聽他介紹可選課程的科目和組合得知，雖然現時教育體制千瘡百孔，畢竟比我讀書時非文即理的世界多元了，尤其是通識課程，讓青年人的思想開闊不少。長嗟短歎的侄兒讓我想到，有人會知道自己喜歡「唸」什麼嗎？我不敢斷言，但肯

定自己不行，我只能感受自己想「幹」什麼，然後在實踐的過程中發現需要什麼知識。如果是會計師、醫生、律師等生態比較固定的職業還好，從想幹什麼就能推敲該唸什麼，但如果目標所需的學識不明確，而學生又被逼先選學科，結果很可能是畢業後因爲沉沒成本而從事相關行業。

被逼從事所學相關工作還遠遠不是最壞的，更糟糕的是所學無所用。根據 Karl Fisch 與 Scott McLeod 的廣傳影片 *Shift Happens*[02]，現時學童畢業後的工作，65% 還未出現。這聽來危言聳聽，但若我們參考過往數據，比如 1790 年美國 90% 勞動人口務農而 2008 年跌至 2%，再考慮到現在炙手可熱的許多職業如 YouTuber、社群管理專家、人工智能模型設計師、區塊鏈工程師等，二十年甚至十年前還不存在，就能想像急速改變的世界不久將會淘汰掉大部分現有工種，又將產生多類新工作。世界變了，那個學問分門別類、乖乖坐在圖書館等人去學的時代，一去不復返。

---

02)　見 https://web.archive.org/web/20180723152844/http://shifthappens.wikispaces.com/。

職場將大洗牌　芬蘭推跨學科學習

芬蘭的教學改革給出不少啟示。正如赫爾辛基市教育發展服務處處長瑪妮恩（Marjo Kyllonen）所說：「學科制度在過去 200 年做出許多貢獻，但現在需要更符合 21 世紀的教育體制。」應對世界急速變化，芬蘭摒棄僵化的學科，嘗試「現象式學習」（phenomenon-based learning），以不同的主題讓學生跨學科探討不同知識，培養興趣，甚至老師都因而增加跨學科合作。畢竟，世上本來就沒有學科的孤島。

況且，有一些知識，比如風土和街頭智慧，永遠不會被載入書本論文等「大雅之堂」，只能透過跟人和事互動去了解。說到這裡我想起一些單從外面看進去，就稱讀懂中國的專家，即使學問多淵博、掌握的數據有多深入，認知都難免熟悉而外在，無可避免跟置身其中的草根階層有著差距。

再說，即使是書本和論文上的學識，讀到時往往已經太遲。這是簡單的邏輯，書本和論文的知識從沉澱、整理、研究和發表，普通的話幾年，就算再快，也得幾個月，就是說，讀資料就像觀星，看到的永遠是一段時間之前的情況，在你看的那一刻，世界已經肯定不一樣了。這對於讀歷史的分別不大，但對於瞬息萬變的科技發展，這段時

間差就非常顯著了。

　　任何事情都好，唯有投入去嘗試，才能慢慢感受、體會、學習，這時候，我們可以反過來，回到基本步，重新審視事情的本質，互聯網如是、區塊鏈如是，還有數之不盡的例子都是。

　　如果以上種種原因都不足以改變你對學而後習的堅持，只想一個問題好了：先學懂愛才開始去愛，可以麼？

1.2 價值

　　誤解詞典收錄的，並非什麼艱澀難懂的詞，反而都屬小學級數，在現代教育體制下，甚至每個人幼稚園就會接觸到，然後被灌輸，被強化。這些從小就在我們腦中植根的詞根深柢固，影響之深遠，說改變人的一生絕不為過。釐清這些詞，不只有助學懂區塊鏈，也可避免被誤一生。

最有價值的 用錢買不到

　　小時候香港有句俗語，現在已經沒人講了，「義氣幾錢斤？」

　　這句話的意思很簡單，就是義氣不值錢，潛台詞是，我們需要更加實際。「義氣幾錢斤」充分發揮粵語的一針見血，假如換成書面語「義氣無價」，卻充滿詮釋空間，造成各種誤解了。「無價」可以理解為沒有價值（value），也可以理解為沒有價格（price），而沒有價格又有兩種解讀，各走極端：價格為零、價格無限高。

　　價值與價格兩個詞在日常生活中經常互相取代，比如說，問到某塊地皮的價值，換來的答案必然是政府把它拍賣出去，地產商會付出

什麼價格，而絕對不會得到「地皮可供居住，也能務農自力更生，與大自然一起持續發展」之類的答案。義氣換不到錢，並不表示沒有價值，而是沒有價格，且是價格無限高那種沒有。事實上，我們習慣的錢可以交易的大都離不開衣食住行等基本需要，最有價值的事物全部都是用錢買不到的。就如小王子所說，最重要的事都是肉眼看不到的。

再舉一個心靈雞湯式例子：假如失去四肢，你需要多少錢，才可以在餘下的日子生活無憂？無論你的答案有多少個零，要是真有人以這筆錢為代價購買你的四肢，你都不會願意。但萬一閣下意外失去四肢，保險公司的賠償，大概就是那個數字。價格的作用是反映價值，然而它能反映的，都只是馬斯洛金字塔底層的物理價值。

價格單一　價值多元

其實，撇開金錢世界的語境，誰都知道，價值的意思不外乎是「重要性」而已。有價值就是重要，極有價值就是非常重要，至於價值觀，就是如何理解萬事萬物的重要性。

假如價格能夠完美反映價值，以上的討論全是廢話，然而跟人的

直覺相反，價格與價值脫鈎，才是常態。況且價格單一，價值卻是多元的，注定價格不能完全反映價值。假如 Alice 要從火炭到沙田市中心，交通方式會基於火車、巴士、小巴、的士、Uber、單車、走路的價格決定；周全一點，還會考慮所需時間，乘以個人的時薪，也是一個價格。至於其他價值比如公義、環保、健康甚至過程是否快樂，都沒法透過價格反映。有時我們說別人的決定不理性，可能不過是因為多元價值沒法量化成一個數字而已。個人的日常決策尚且如此，可見當政府把生活與生命簡化為數字，會有多不堪。

即使是只考慮單一維度，價格的釐定，主要是源於稀缺性而不是價值，經濟學 101 的供需理論告訴我們，越是稀有，越是值錢，於是即使黃金、鑽石對我們的生活幫助不大，卻非常值錢，反而我們不能失去超過一分鐘的空氣，卻完全免費。嚴格來說，價格反映的是稀有性而非價值，只是人類社會沒找到比稀有性更佳的方式去粗略衡量價值，這幾個概念才扭作一團，造成混淆。

除了稀有性，價格也受其他因素影響，比如能否換得更高價格，即升值空間（「值」和「格」的概念又被置換了），和能否換得「更多」價格，即生財能力。當某股票或房地產有大幅升值空間，價格就會上升；當某工具能為擁有者賺錢，工具本身也會變得值錢。當一間

屋轉手幾次，售價由一百萬漲到一千萬，由始至終它的價值不變，就是用以居住，頂多是周邊環境和交通有所改善，大幅改變的只是它的價格，動力來自其稀有度和升值潛力。這些道理，簡單得我寫出來都自覺不好意思，偏偏卻都是被普遍誤解或刻意曲解的概念。

市場掛帥　有價格沒價值

跟價格相關的概念是「市場」，即世人願意以什麼價格購買產品或服務。市場無時無刻主導世界運作，上至國家政策，下至個人志向，無一不受如萬有引力般的市場支配。

釐清了價值和價格的差別，市場掛帥的弊病也就呼之欲出——價格遠高於價值的事物不斷被追逐，價值遠高於價格的公地沒人在乎。放在個人層面，市場掛帥主導了學生選擇主修、畢業生選擇工作，正如哈佛大學前校長福斯特（Drew Gilpin Faust）在 2008 年的畢業禮致辭提到，哈佛約一半畢業生從事金融，非常失衡。執筆時，新冠肺炎肆虐，美國政府發出社交距離的指引，禁止市民外出上班，必要職業除外。不列猶自可，這些必要職業如醫護、記者一一列出後，顯然社會上大部分職業都並非必要，而偏偏必要的職業幾乎都是些賺錢不多、特別辛苦的行業，諷刺至極。

商業機構市場掛帥看似理所當然，實際上也不然，雙底線甚至三底線的社會企業越來越受到重視。「底線」在營商的語境中指會計報表的最後一行，即盈利，日常生活中當然也指不能逾越的最基本價值。公眾意識到單純追逐盈利的企業會對社會帶來深遠的負面影響，因此即便是巨企如蘋果，除了要賺錢，都得兼顧環保、平權、私隱等範疇，為股東創造價值並不足以成為忽略基本社會責任的理由。

至於政府，最需要肩負的正是社會上有價值而沒價格的各種事務，原因很簡單，有盈利空間的範疇，市場自然會照顧，根本毋須政府出手。可見，假若政府不去堅守社會的核心價值，反而事事市場掛帥，教育、醫療、公共運輸樣樣講求效益最大化，要求公營業務自負盈虧，何等荒謬。

價格倒灌　吞噬核心價值觀

價格的作用在於反映價值，但這個機制錯漏百出，既不全面也長期存在落差。接下來，我們會討論如何利用區塊鏈及密碼貨幣去演繹傳統貨幣承載不住的價值，這是一個人類歷史上新的社會實驗，最終不一定能成功收窄價值與價格的落差，但無論如何，我們萬萬不能本末倒置，以價格推導價值。假如大眾把財富與成功畫上等號，家長以

不同專業的工資水平指點子女選擇學科，政府以產業 GDP 佔比衡量其對社會貢獻，價格將會倒灌，反過來吞噬我們的核心價值觀。

1.3 金錢

兩年前 [03] 的一個晚上，我在尖沙咀一家共享工作空間分享開發中密碼貨幣的設計，被問及這些密碼貨幣如何兌換爲「眞錢」，這個往後持續被問了無數次的問題。當時我請提問者釐清何謂「眞錢」，弄得對方相當惱火，從錢包掏出一疊紙幣揮動，不無激動地說：「這就是眞錢！」

現在回想起來，感覺抱歉。當下我比以前更能確認「金錢」的概念存在很多誤解，不是抱歉自己當時說錯什麼，但就覺得用錯了方法，遠遠低估了傳統貨幣在一般人心目中的地位，以爲輕輕一句就能令對方反思錢爲何物，讓對方誤會我在存心愚弄。

何謂「眞錢」

我眞心認爲「金錢」這個概念必須斟酌釐清，而且大有學問。「習而時學之」應用在金錢可謂最貼切不過，起碼我眞的是花、存、貸、還了幾十年金錢，還在從中領會錢到底是什麼。我甚至敢說，很多人

---

03)　2018 年。

一生都沒有搞懂金錢的本質。

假如對方指的「真錢」就是揚出的港元鈔票，那答案很簡單：由香港政府指定的發鈔銀行印發的，就是真錢，反之就是假幣、偽鈔。然而很明顯，當時要討論的並非港元真鈔與偽鈔，而最低限度包含了外幣，國際認可的任何主權國貨幣，即通貨（currency）。但多廣的認可才算國際認可？比如某政局不穩的國家，貨幣高速貶值，這種貨幣算「真錢」麼？只買得到部分貨品或服務的貨幣，又是否「真錢」？真與非真不是二元，而是個光譜。

區塊鏈圈把大部分人日常使用在交易、國家政府發行的貨幣統稱為「法定貨幣」（fiat currency），以對應透過區塊鏈技術發行的「密碼貨幣」。回到問題的語境，我相信提問者理解的「真錢」要麼是法定貨幣，要麼就更廣一點，總之能買到日用品、滿足日常生活的。這就帶出了一個有趣的現象，坊間的超市券已經一定程度滿足「真錢」的條件了，不一定需要是國家政府發行的通貨，甚至，部分由跨國巨企如亞馬遜（Amazon）發行的預付卡，說不定比政局不穩的主權國家貨幣還更接近「真錢」。

法定貨幣由政權背書

又有一次，一位只相信法定貨幣的作者在討論創作價值的文章下留言道：「四個字講完：真金白銀。」言下之意，法定貨幣才是硬道理。我當然不會排斥法定貨幣，手中資產也有三分之一屬於法定貨幣，但這留言可圈可點的地方在於，使用「真金白銀」來交易是只有古裝片才看到的情境，連比較接近的類比「金本位」發行貨幣以確保其內在價值（intrinsic value）與稀缺性，也從越戰起逐漸取消，「美金」變成「美元」。現在的美元以至參考美元而發行的港元等，跟真金白銀可說毫無關係。就在執筆前不久，聯儲局才宣布為拯救被新冠肺炎拖垮的市場，無上限購買美國債券，主權國印鈔，沒什麼背書可言。

事實上，2008 年，正是在美國政府濫發鈔票，間接造成雷曼爆破的歷史脈絡下，比特幣白皮書橫空出世。雖然沒有金本位、沒有內在價值也沒有政權背書，但受制於區塊鏈節點的代碼設定，比特幣發行的節奏和二千一百萬封頂，就連發明者本身都調整不了，遑論濫發，可以說是由數學與邏輯背書。

比特幣由數學和邏輯支持

關於如何定義「語言」（language）和「方言」（dialect），有

個答案很妙很精準：語言就是有軍隊的方言。貨幣也是同一回事：所謂法定貨幣就是有軍隊的貨幣、有政權撐腰的貨幣，假如港元有天完成歷史使命後消失，並不會讓我意外。要是我們懂得質疑一國只能用一種語言，爲何「方言」就不能登大雅之堂，我們也應該思考，政權發的貨幣才稱得上「眞錢」——潛台詞是什麼，守護的是什麼邏輯。

貨幣的作用在於反映價格，而價格的作用在於反映價值；換言之，貨幣的作用是反映價值。認定錢包中的鈔票才是「眞錢」或者「眞金白銀」，說白了，就是以政權爲依歸，認定政府發行的才是可靠的可用的，才能反映事物的價值，被國家的價值體系框死。

2018 年，我在分享 LikeCoin 設計時被問及如何兌換成「眞錢」，現在，我比以前更能確認「金錢」的概念。

1.4 國家

　　既然價值由價格反映，價格由金錢反映，而金錢又廣泛被理解為國家發行的通貨，探討價值的載體，自然免不了釐清國家的概念。

國家和國界　沒絕對定義

　　在 1971 年發表的 *Imagine*，約翰‧連儂（John Lennon）寫下一段經典：

> Imagine there's no countries （想像一天沒有了國家）
>
> It isn't hard to do （你試想就知道這並不難）
>
> Nothing to kill or die for （沒有殺戮或犧牲）
>
> And no religion too （也沒有宗教）
>
> Imagine all the people （想像所有人）
>
> Living life in peace （都活在和平中）

　　言下之意，國家的存在是世人殺戮與犧牲的原因之一。然而國界一旦消失，世界可以運作、人類能夠和平共處麼？國家是不是「自古以來」一直存在？

　　我們是否有條件如約翰‧連儂所願，想像國界有消失的一天，別說討論一陣子，多少人窮一輩子努力都不見得能得出結論。但國家，或者說一般理解的民族國家（nation state），是否自古以來就存在且具有清晰國界，則稍有常識的都知道，除了島嶼，地球從形成起就沒有國界。就如 2019 年台灣行政院政務委員唐鳳 [04] 就《德國之聲》提及中國大陸視台灣爲「分離的領土」時回應：「分離是在新石器時代發生的」（The breakaway was at the Neolithic Age）。

　　以聯合國成員國爲基準，地球共 193 個國家，而聯合國本身也不過 75 年歷史 [05] 而已，比家母還年輕。當然聯合國不見得就可以一錘定音，個別「國家」不獲聯合國承認、個別成員國不承認其他成員國、個別成員國承認非成員國、非成員國之間互相承認，各種情況都有。既然地球上最具公信力的聯合國都沒法統一口徑，我們唯一可以肯定的是，沒有任何人或者任何國家可以爲國家和國界給出絕對定義。雖然這樣說好像有點矮化聯合國維持世界和平的努力，但是二戰後成立的聯合國，眞有點像無能爲力的和事老，沒意欲也沒能力追溯過往的恩怨情仇，政權是否公義，總之鎖定當下較廣泛認可的國界，但求制止進一步的爭奪。

---

04) 　時任。任期爲 2016-2022。
05) 　聯合國誕生於 1945 年 10 月 24 日。

即使不考慮國際角度，不去科學考究古代劃清國界的技術，純粹依據現政權的官方中國歷史，也有三國、七國、五代十國等多個年代多個國界劃分，每個朝代延續區區幾十年到幾百年不等。國界的劃分甚至國家的定義，到近百年還一直在演變在發展，所謂的「自古以來」，純粹以個人短暫生命看待人類歷史長河，夏蟲不可語冰。

在無主之地立國

幸好，除了揭竿起義、軍事革命推翻政權去改變國界的劃分，世上還存在著演繹國界與國家的其他可能性。

很多人喜歡看 YouTube，喜歡它內容多元。的確，YouTube 包羅萬有，連如何和平立國的教學短片都能輕易搜索到，比如《你可以自建國家嗎？》（*Can you start your own country?*），就講述包括尋找地球上還未被任何國家宣示為領土、建設人工島等立國準備工夫，以至建立盟友、申請加入聯合國等，多項似非而是的立國流程。內容農場要是報導，標題大概可以寫：《震驚七百萬人：八分鐘學懂立國》。

說立國指引似非而是，因為即使聽起來很瘋狂，但的確是依據國際法，且成功率不一定比武力革命低，何況的確存在現實例子。當中，

比較為人認識的有 2015 年立國的利伯蘭自由共和國（Free Republic of Liberland），一塊於南斯拉夫解體後，爭議國界的克羅地亞和塞爾維亞均不納入領土的七平方公里土地。更有趣的是，利伯蘭的「真錢」Merit，既是法定貨幣也是密碼貨幣，立國初時建基於比特幣現金（Bitcoin Cash），可透過捐款予利伯蘭建國獲得，更可望將來得到相應的投票權。

除了兩國夾縫中找尋空隙的 Liberland，立國指引中提到的人工島概念也有實例，如西蘭公國（Principality of Sealand）。對於此位於英國沙福郡對開 11 公里公海、二戰時海上建築怒濤塔的微國家（micronation），《如何自建國家》（*How To Start Your Own Country*）一書有詳細介紹。

說起小島，經歷過八十年代《中英聯合聲明》談判的或許有印象，有港人提議集資在某處買下小島，重建香港。這個當時沒有被認真看待的發想，事隔廿多年後正被舊事重提，倡議港人集體移民，在愛爾蘭重建盛載香港價值的「香港城」。既然全球多個城市都有 China Town（唐人街），連整個溫哥華都被大量移民港人改變成「Hongcouver」（香哥華），港人族群在外地聚居絕對有可能，關鍵是這個不以立國而改以特設城市（Charter City）作招徠的形式，

可得到多廣泛支持，又能向當地政府爭取到多大自由度。

e- 愛沙尼亞 沒國界的國家

約八年前，我接受數碼港的訪問時建議過，數碼港的宗旨無非推動資訊科技業，辦公和活動是否在薄扶林實屬其次，勉強把資訊科技相關地點綁定在數碼港，只是劃地爲牢，還倒不如以性質而非地理位置作爲支持的原則。過了幾年我才知道，推動 Web 2.0 概念的提姆・奧萊理（Tim O'Reilly）在 2010 年曾發表《平台型政府》（*Government as a Platform*）[06] 一文，把類似的論述套用在政府，當然內容要嚴謹和詳細得多。

相對於把我訪問「和諧」的數碼港和一直想跟深圳以至大灣區「溶爲一體」的港府，1991 年自前蘇聯獨立、人口只有百多萬的愛沙尼亞「think out of the boundaries」，2014 年推出「e- 居民」（e-Residency）計劃，供全球任何民族國家居民申請成爲愛沙尼亞電子公民，雖然並非永久居民，但能成立公司、開設銀行帳號、設立收款服務、註冊知識產權，全部於網上完成，受歐盟的法律體系保護。不難想像，電子公民中很多是數位牧民或資訊科技創業者，對於這個

---

06) O'Reilly, Tim. (2011), Government as a Platform. Innovations: Technology, Governance, Globalization. 6. 13-40. 擷取自 https://doi.org/10.1162/INOV_a_00056，檢閱時間：2020 年 6 月 3 日。

群體，代碼存在哪裡、資產受哪國保障，比身在何方還要關鍵。

　　透過 e-Residency 計劃，本已盛行資訊科技創業的愛沙尼亞，這幾年間增加電子公民生力軍六萬多人，超越該國出生率，卻不產生任何土地問題，反而把「國界」無限伸展至 165 個國家[07]。

　　除了像愛沙尼亞這種在既有國際關係上延伸的「局內人」（insiders），和企圖另覓領土重新建設的「局外人」（outsiders），把國家概念重新演繹的還有完全無視現有體制與邏輯的超越者（beyonders），在還未被定性的領域構建生活共同體，區塊鏈共和國。

愛沙尼亞「e-居民」計劃將「國界」延伸。
資料來源：「e-居民」計劃網站

07)　2019 年數字，其時 e-Residency 計劃已推行五年。

1.5 虛擬

談到在沒有土地的前提下「立國」，自然讓人聯想到《阿凡達》（*Avatar*）、《22 世紀殺人網絡》（*The Matrix*）和《刀劍神域》（*Sword Art Online*）等科幻作品。的確，隨著虛擬實境（virtual reality，VR）科技日漸成熟，算力成本下降，過往只存在於科幻小說的意念正在實現。正如遊戲公司活閥（Valve）聯合創辦人紐維爾（Gabe Newell）在「想像遊戲網」（IGN）訪問中表示，「我們離《22 世紀殺人網絡》要比大眾意識到的接近得多（We're way closer to The Matrix than people realise）。」虛擬大行其道，「虛擬世界」、「虛擬貨幣」等詞彙氾濫，濫用得就如「虛擬」般虛，造成誤解。

物理世界與數位世界

字面可見，「虛擬」帶有「模擬」的意思，模擬由來已久，比如古時臨摹名畫；加上「虛」，是指透過數位技術模擬真實，讓人感覺身歷其境，甚至信以為真。感覺從靈魂之窗開始，虛擬實境用得最多的首先是 VR 眼鏡，並早已達到畫面中子彈飛來會讓人產生反射動作低頭閃避的逼真程度。視覺之外，最容易模擬實境的自然是以降噪耳機播放聲音，此後甚至可預期觸感、嗅覺、味覺的模擬普及化。總

之，所有感官全都可以透過技術刺激人體形成。模擬這個特性加上詞首「虛」，使虛擬總附帶潛台詞：假。即使科幻電影如《挑戰者 1 號》（*Ready Player One*），都一再說教地提醒觀眾，遊戲世界 Oasis 是假的，唯有「reality」才是真實，要珍惜芸芸，更遑論心目中只有「真實世界」的傳統論述。

　　VR 遊戲固然是虛擬，但坊間很多時以「虛擬世界」涵蓋整個互聯網，卻過於廣泛，帶點粗疏，畢竟互聯網上的大部分內容如文字、圖片、影音等不過是從書報雜誌、唱片和影碟等，演變至現時幾乎全面數位化；由印刷、類比模擬（analogue）、以物理載體運輸及儲存，演變至數位取樣、光纖傳輸、固態或磁碟硬盤儲存。數位化加上互聯網帶來近乎免費且不失真複製、快速傳輸等特性，是繼農業、工業革命後的第三波革命，但那是載體和媒介的革新，重點在於數位而不是模擬。所以比較準確的框架並非以「虛擬世界」對應「真實世界」，而是以「數位世界」對應「物理世界」。物理與真之間、數位與假之間，並無必然關係，網站可以載滿可靠資訊，實體報紙可以寫滿虛假訊息。載體的性質是一回事，訊息的真確性可是另一回事。

　　除了數位世界，個人更鍾情於另一個意思相近、比較古早的詞：賽博空間（cyberspace）。不過這個源於賽博龐克（cyberpunk）

科幻小說的詞，包含層面比較廣而且在演化。1996 年，為回應克林頓政府的《美國電信法》，電子前線基金會（Electronic Frontier Foundation）創辦人，賽博自由主義（cyberlibertarianism）活躍人士巴洛（John Perry Barlow）以《美國獨立宣言》的筆觸，寫出激動人心的《賽博空間獨立宣言》（*A Declaration of the Independence of Cyberspace*）[08]，毫不虛擬，非常精準地闡述了數位世界的特性，或起碼是願景。只要會上網的，都該拿來一讀：

> Cyberspace consists of transactions, relationships, and thought itself, arrayed like a standing wave in the web of our communications. Ours is a world that is both everywhere and nowhere, but it is not where bodies live.
>
> We are creating a world that all may enter without privilege or prejudice accorded by race, economic power, military force, or station of birth.
>
> （網路世界由資訊傳輸、關係互動和思想本身組成，排列而成我們通訊網路中的一個駐波【物理學概念，指原地振盪而

---

08)　Barlow, J.P. (1996), A Declaration of the Independence of Cyberspace. Davos: Electronic Frontier Foundation. 擷取自 https://www.eff.org/cyberspace-independence ：2020 年 6 月 3 日。

不向前傳播的運動狀態】。我們的世界既無所不在，又虛無飄渺，但它絕不是實體所存的世界。

我們正在創造一個世界：在那裡，所有人都可加入，不存在因種族、經濟實力、武力或出生地點而有的特權或偏見。）

網民不只活在網絡中

畢加索說「Art is a lie to make us realize the truth」（藝術是一種揭露真相的謊言），優秀的藝術作品，虛則實之。諷刺地在一些國家，government is the truth to tell lies（政府是滿口謊言的真實），實則虛之。

情感的載體往往也是虛則實之，比較物理世界與數位世界，現代城市人往往會發現後者盛載著比前者更多也更深的感受。最簡單的例子，以往我們生活壓力大，會逃到網上，但在資訊爆炸、新聞壓得人喘不過氣的當下，要逃避現實，反過來需要的是斷網避免接觸到訊息，更千萬不要看直播，「Internet detox」（數位排毒）一番。

再說，在營營役役的社會，像我這種性格內向的人，很多時會覺

得「互聯網朋友」要比「IRL（in real life，物理世界的）朋友」、甚至家人更了解自己，尤其是會讀自己的文章的人。這不難理解，工業革命以來的官僚工作環境中，每個人只是異化地執行任務，即使每日相見的同事，往往只是點頭之交，更遑論當下社會撕裂，舉報文化盛行，讓人不願在物理生活中表達價值觀，反而在網上流露的，會是更真實的感受。互聯網普及的今天，每個人都同時在物理與數位世界跟人互動，只是分配在兩者的時間有所差異，既有偶爾用手機跟人溝通的，也有像我這種，偶爾會在物理世界跟人接觸的，所謂「網友」、「網民」，說得好像有種生物只活於網中，十分誤導。

交友學習　「虛」則實之

　　以上例子是從感受出發，但夫婦相識媒介的統計，則是數據說明現象。1993 年，互聯網剛進入民間之初，《紐約客》（*The New Yorker*）發表過一幅非常流行的漫畫，一隻在上網的狗跟朋友聊天說：「在互聯網上，沒人知道你是一隻狗」（On the Internet, nobody knows you're a dog）。匿名與虛擬本是不同概念，但因為均非真實，造成混淆。總之，以前在互聯網交友被視為容易受騙的高危行為，有人因而聯想到不正經，在網上認識而結婚的，甚至不好意思說出口。

但隨著互聯網普及，按調查[09]，在美國認識於網上的夫婦已經從 1995 年的 2% 升至 2017 年的 39%，為所有媒介中最高。

新科技無疑需要學習需要理解，但適應過後往往能產生前所未有的效果。一場新冠肺炎，一下子把教師對視像通話等科技的掌握往前推了一二十年，我的教師朋友們全都認為其實也沒有很難，有部分甚至發現效果比以前還好得多，辦沙龍的，以往一百人就不得了，現在一場 Zoom 網上沙龍，還沒開場就滿是來自五湖四海的一千人，而且只是因為授權協議封頂才沒破千。有個政治與行政學系教授老友，覺得視像上課討論氣氛太好，打趣說疫情過後都不想改回當面上課，我也開玩笑建議，那就得把新亞圓形廣場、聯合草地的照片設為會議室背景了。

但願社會有了這些經驗，不要總把新技術關連到虛假，不作了解先去抗拒。有些死硬派會堅持不用即時通訊、視像等軟件，只打電話，甚至說時語帶自豪，一副打電話才最親切的口吻。其實，不過百多年前，電話又何嘗不是以技術模擬出遠端的聲音，「扭曲」了人和人之

---

09)　Michael J. Rosenfeld, Reuben J. Thomas, and Sonia Hausen (2019), Disintermediating your friends: How online dating in the United States displaces other ways of meeting. Proceedings of the National Academy of Sciences of the United States of America. 擷取自 https://www.pnas.org/content/116/36/17753/tab-figures-data，檢閱時間：2020 年 6 月 3 日。

間的當面溝通？說不定，當時也有死硬派，深信電話、拍照這些新技術以假為真，堅持寫字與手繪。

技術不外乎是提升效率、加強效果、改善協作的工具，與其逃避，不如善用。數位不等於虛擬，虛擬不等於誤導，用於模擬飛行，可讓人安全地學習與預測，用於藝術與遊戲，可以盛載真摯情感。

1.6 習學工作坊 #1

習而時學之，讀萬卷書不如直接上路。

本書在每章後附帶「習學工作坊」，手把手帶著讀者進入區塊鏈的世界。請以智能手機掃描二維碼或在電腦瀏覽器輸入網址，按部就班，齊來弄髒雙手。

安裝密碼貨幣錢包　建立數位身分

密碼貨幣錢包就像魔法杖，麻瓜一旦掌握，就能獲取魔法師的身分。

https://ckxpress.com/workshop-1/

| 第二章 | 區塊鏈與信任 |

今天的區塊鏈，活像九十年代初的互聯網：大部分人聽過，小部分人用過；很多人說潛力巨大，很少人能真正理解。

從產業分析的角度，區塊鏈將應用到絕大部分產業，即使沒有針對垂直應用的產業鏈，也會如今日的互聯網般，看似毫不相關的餐飲業，就算是小店，都會用上網上訂座、電子支付等，無縫融入網上生活。從社會功能的角度，區塊鏈帶來的改變在於金錢的發展、價值的演繹，較基礎的則是共識的達成，而一切的改變，皆源於信任的證成。

有說區塊鏈提升效率，這是錯的也是對的，就如民主比獨裁慢得多，尋求共識的區塊鏈也一樣，設計再好的區塊鏈都沒法跟一言堂式數據庫比速度。但是藉著信任基礎大幅省下的人力物力，卻必然讓整個生態的協作因慢得快。

2.1　不可竄改的數位連儂牆

　　時下年青人打從食指會動就開始使用互聯網，是數位原住民，應用互聯網恍如天生技能，但也因此容易錯把它視為理所當然。我小時沒有互聯網但有幸大學時代遇上從 Mosaic 瀏覽器開始的萬維網（world wide web），倒是特別能體會從無到有的互聯網對社會帶來的衝擊。

　　廿多年過去，我常覺似曾相識，感覺歷史正在重演，而這次的主角換上區塊鏈。當然，對社會大眾來說，區塊鏈不過是個時髦詞彙——又或是過氣詞彙，並不會認為少了區塊鏈，世界會有什麼不一樣，但這情況放到九十年代中的互聯網也一樣成立。

　　區塊鏈可理解為互聯網的延伸，同時也是互聯網糾正的機會，適當使用可以還權於民，協助個人管理資料、資產甚至參與治理；反過來若任由區塊鏈被扭曲被濫用，為權力背書，訊息霸權將會更強，政府也將擁有人類歷史上從未有過的強大監控和威權。

修改必留下紀錄

要理解區塊鏈，除非你是「技術控」，否則千萬別從艱澀難懂的白皮書入手。不妨想像，區塊鏈就像布拉格的連儂牆，任何人都可以你一言我一語地寫上字句，漆上圖畫，記錄事件，表達想法。比連儂牆更好用的是，區塊鏈上的紀錄即使被新的蓋過，舊紀錄以及修改過程依然存在。這正是區塊鏈的特質之一，不可竄改（immutable）。

區塊鏈既是數位的，順理成章有著數位內容的特性，讓人不用跑到布拉格就可閱讀和寫上內容；不嫌佔據空間太多的，甚至可以複製一份，成為這條區塊鏈的節點（node）之一。不同的區塊鏈有不同數量的節點，撰文的一刻，最大的比特幣區塊鏈有一萬多節點，其次的以太坊則有約七千 [10]。

無信任：驗證永遠先行

數位內容複製成多份存於世界各地，由來已久，隨便一首流行曲，尤其是過往的盜版，存放數都遠超比特幣區塊鏈的節點，單考慮這點沒什麼特別。但區塊鏈的革命性，在於它能在無信任（trustless）的前提下，確保內容一致。

---

10) 截止 2024 年 6 月，接收請求的比特幣節點 (listening nodes) 約 16,612 個，部分統計方式得出的數字超越十萬；以太坊已改用權益證明，共約 33,400,000 ETH 被質押，佔總數 27.3%，由於每節點有 32 ETH，即約有 1,044,750 多節點。

　　無信任並非信任的相反，信任的相反是不信任，但無信任既不是相信也不是懷疑，而是不會判斷對方的可信度。諺語說「疑人不用，用人不疑」，我有保留。我絕對認同人與人之間互信的重要性，但當討論的是制度而非處世，疑與不疑都並不重要，重點是不作前設，不因為懷疑個別人士而增加檢查工具，亦不因為信任就跳過驗證流程，包括自己。再者，信任有不同層面，「疑人不用，用人不疑」著眼的只是誠信，但問題的起因除缺乏誠信以外，還有粗心大意、判斷偏差等，我們大可以因為價值觀而選擇百分百相信人的誠信，但每個人每家機構都會犯錯，這是定律。

　　續以數位音樂為例，當我從 Apple Music 購買了約翰‧連儂的 *Imagine*，怎知道這首歌沒有被動過手腳？很少人會擔心這個問題，包括我，而之所以不擔心不是基於任何技術上的保障，只是因為信任蘋果以至過程中牽涉的所有公司，換言之是整個體制。這個例子沒有觸動你的神經，因為蘋果沒有誘因去修改 *Imagine*，但是只要想到，蘋果為配合中國政府下架張學友的《人間道》，甚至如黃耀明和何韻詩等歌手的所有歌曲，音樂以外的內容還有《紐約時報》等應用，就應該能理解到，內容竄改與刪除，近在咫尺，每天都在發生。沒有技術的保障，體制必定予取予攜，我們別說抗衡，甚至沒有知情權。

　　因爲區塊鏈不可竄改的特性，有人想到以此抵抗內容審查。2018年4月，北大本科生岳昕公開前教授沈陽性侵女學生事件後，飽受壓力且被迫刪除內容，其後有人把《致北京大學師生和北大外國語學學院的一封公開信》存於以太坊，確保不被刪除。2019年7月香港反《逃犯條例》修訂運動期間，也有人以相同方式，將警員個人資料放上以太坊。不過，資料不可竄改是一回事，能接觸到群眾、引起關心卻是截然不同的事，這是以上內容至今還原封不動存於以太坊，沒造成什麼迴響的原因。

《致北京大學師生和北大外國語學院的一封公開信》將永存以太坊。
資料來源：以太坊

恒常而不可毀滅

值得注意的是，區塊鏈的紀錄並非不能「修改」，而是不能「竄改」；即是說一旦修改會留下清楚的紀錄，而且沒有任何一個人、一間機構、一個政權可以隨心所欲地修改，要修改必須經過一套共識機制，這就是區塊鏈最廣為談論的另一特質——decentralization，通常譯作「去中心化」。decentralization 跟 immutability 像對形影不離的孖公仔，誰都不能失去對方，去中心化但莫衷一是沒有意義，而有權力就能隨意修改的「不可竄改」更會淪為體制的「真理部」（Ministry of Truth）。這樣說出來理所當然誰都能懂，現實卻如北大性侵事件公開信，這些簡單小道理不見得能到達群眾，妖言惑眾的訊息卻充斥市面。

不可竄改就像那則關於憤怒的寓言，父親讓脾氣不好的孩子在每次憤怒時把釘子打進一棵樹，消氣後把釘子拔除，後來孩子學會了控制情緒，樹上的釘子全部消失了，但釘孔卻永不消失。

> 「物件」是無常的、可毀滅的，但「事件」則是恒常而不可能毀滅的。
>
> 如果你們曾經相愛，曾共同度過一段最快樂的時光，那麼就連上帝也無法「抹掉」這些事實。
>
> ——摘自《李天命的思考藝術》

　　寫入區塊鏈的訊息，就是區塊鏈世界發生過的事件，恒常而不可毀滅，連區塊鏈的發明者本身也不能抹掉。

區塊鏈就像布拉格的連儂牆，任何人都可以寫上字句。區塊鏈上的紀錄即使被新的蓋過，
舊紀錄以及修改過程永遠存在。作者攝於布拉格連儂牆。

2.2　無大台　有共識

討論區塊鏈，離不開「去中心化」。一直認爲這個 decentralization 的翻譯很差勁，幸好香港有個地道而且傳神得多的翻譯——無大台。

多點　分權　目標一致

每個人都說 decentralization，但每個人說的都不太一樣，它被詮釋成各種意思，引起各種誤會。把區塊鏈的 decentralization 解釋得最清楚的要算以太坊創辦人布特林（Vitalik Buterin），他 2017 年的《去中心化的眞正含義》（*The Meaning of Decentralization*）[11]，把 decentralization 解拆成架構、管治、邏輯三個維度分析，第一個可理解爲多點，其次是分權，第三是得出不同結論。比如說，傳統企業設有一個總部、一個總裁、一個方向，所以三個維度都屬中心化，傳統企業是徹底的中心化管理方針。

又比方說 Facebook 網站，伺服器分布在世界各地以便當地用家

11)　Buterin, V. (2017). The Meaning of Decentralization. 擷取自 https://medium.com/@VitalikButerin/the-meaning-of-decentralization-a0c92b76a274，檢閱時間：2020 年 6 月 3 日。

快速讀取，但所有伺服器都聽命於中央，而數據保持一致，所以是多點但不分權，得出一致結論，這就是分布式管理（distributed），最經常跟區塊鏈的去中心化概念混淆。分布式管理可避免因單點故障（single point of failure）拖垮整套系統，但無助於系統性敗壞，比如 Facebook 總部指令出錯，伺服器即使遍布全球，都會一起出錯。很多人會有錯覺，誤以為分布越廣就越去中心，但系統的去中心程度是多點與分權程度的乘積，當後者為零，前者無論多大，乘積依然是零。如果數學無助你明白，不妨這樣理解，行政長官由 1,200 人委員會選出，但假如這些人全部聽命於一個權力中心，就算增加到 12,000 人都沒有區別；反而，一般陪審團只有幾個人，但只要產生過程真正隨機，已經相當去中心。

傳統智慧告訴我們，一群各有自由意志，散落在不同地點的人，自然會有各種想法與行動。但假如所謂「去中心化」指的是架構、管治、邏輯三方面都去中心，那無疑是一盤散沙，沒有討論的意義。區塊鏈之所以帶來革命性改變，正是因為能在多點和分權管理下，得到中心化的邏輯。這裡「中心化的邏輯」也是極爛的翻譯，因為中文有個簡單清晰的詞——共識。

「無大台」一詞源於香港的公民抗爭，對此不但港人十分重視，

甚至國際社會都嘖嘖稱奇。無大台的重點不單是散落各區或是沒人領軍，更是背後的潛台詞：有共識——即使沒有總台，遍地開花，抗爭運動的訴求依然取得共識。

拜占庭容錯機制：齊上齊落

　　既要無大台又要有共識，依賴的是 protocol，在技術的語境一般翻譯成協議，廣義則可理解為取得共識的機制。不單是數位世界裡伺服器之間需要傳輸協議才能溝通，物理世界中人類共處依賴的也是一層又一層共識機制，比如語言就是其中之一，沒有共同語言，雞同鴨講。共識機制內化到生活每個層面，我們不一定覺察，解拆開來可以這樣理解，《基本法》是基礎、其上有普通法、衡平法、條例、附屬立法和習慣法等，再往上還有約定俗成的道德律、公德、禮貌等。基礎是個相對的概念，如《基本法》下還有《中華人民共和國憲法》，更基礎的還有國際法，更更基礎的還有民主自由這些普世價值。中文常以「機器是死的而人是活的」來表揚處事靈活，套用在共識機制卻是，機器會牢牢依循既定的共識機制，一層一層永不逾越，物理世界中卻往往有人輸打贏要，任意詮釋社會共識，依仗權力及武力，胡作非為。

計算機科學史上，1982 年提出的拜占庭容錯機制（Byzantine Fault Tolerance，BFT）要處理的難題，以一句解釋，正是無大台共識機制。有關論文以拜占庭帝國軍隊作為類比，假設來自四方的幾個小隊需要攻入一座城堡，要成功，必須「齊上齊落」，要攻一起進，要退一齊走，一個都不能少。當時沒有電郵沒有手機，將領間只靠騎兵帶訊息，不但有延時，更可能中途被截殺，更甚者，被混入「鬼」。BFT 要解決的，就是在信任基礎的缺乏下取得共識，共同進退。

區塊鏈共識機制

在區塊鏈的領域，BFT 有各種實現方式，最廣泛使用的是比特幣和以太坊的工作證明（Proof of Work），原理可以粗疏地理解為，眾人分別記錄一段時間的內容並寫成區塊，然後解決一條數學難題，第一位完成的對眾人高喊：「我計算好久終於找到答案了，請按我的區塊，不信的話你來試試」，其他人於是同意使用該區塊；即使有人在相近時間提出另一區塊，只要跟隨者不超過一半，總體還是會按著共識，一個一個區塊走下去。比特幣工作證明的數學難題本身沒有意義，答案極難求得但容易核實，只能透過不斷試錯（trial and error）直至找出，因而浪費的算力，是比特幣需要消耗大量電力的原因。

　　為解決耗電及效率等問題，以太坊正改向權益證明（Proof of
Stake）發展，而沒有歷史包袱的新區塊鏈如 Cosmos、Facebook
Libra[12] 等，大都直接使用這種新機制。以讚賞幣區塊鏈（LikeCoin
chain）的權益證明為例，新區塊的提案者質押讚賞幣作為背書，假
如記錄過去五秒內容更新的新區塊得到三分之二以上投票確認，符合
拜占庭容錯機制，則採納為最新區塊，形成共識，否則提案者會損失
部分讚賞幣，並由其他人重新提出新區塊。

共識機制：決定新區塊如何生成、獎勵要如何發放的機制		
	工作證明	權益證明
類比	礦工	驗證人
如何挖礦	算力越高，越有機會解答數學難題	質押越多貨幣驗證紀錄，越有機會生成新區塊，所得獲益越高
獎勵機制	解決數學難題可獲增發貨幣獎勵和手續費	驗證人按比例獲得增發貨幣獎勵和手續費
優點	十五年歷史驗證，行之有效	毋須浪費大量算力和電力
缺點	電腦長時間運作計算函數，消耗大量電力	有機會出現貧者越貧，富者越富

Proof of Work 和 Proof of Stake 分別

---

12)　Libra 自發表後曾經歷許多波節，最終未能成事。關於本書 2020 年初版至 2024 年再版間區塊鏈的發展，
　　見〈2024 年版前言——四年人事幾番新〉。

Proof of Love

　　回到無大台一詞的原有語境，反對《逃犯條例》修訂草案運動所演繹的，跟區塊鏈的運作如出一轍，整場運動沒有中央統領，各區連綿不斷、橫跨整個光譜的抗爭行動由不同年齡階層、信仰、背景的素人提出，一浪接一浪；不可能也不需要每一項行動都為所有人認可，但總體依然立足於有如憲法、奠基於《金鐘宣言》的五大訴求。

　　類似於解決數學難題和質押資產，抗爭者以行動證明對香港的愛和公義的執著，押上前途甚至安全，抑制了其他人另起爐灶的衝動，讓整體始終保持共識。反對《逃犯條例》修訂草案的無大台抗爭在全球前所未有，難以找到相關研究，我逐把這套共識機制稱為愛的證明，Proof of Love。

2.3　數位蒙面：匿名與加密

　　幾乎每篇文章都在釐清被誤解的詞彙，再這樣下去我得改行編詞典了。但在停手之前得先談談「密碼」，畢竟這太有趣了，密碼學研究的居然不是密碼。

密碼學不是學密碼

　　但用英文說出來，這事情就不奇怪了，密碼是 password，密碼學可是 cryptography。password 指的密碼是「通關詞」，知道這個詞（word）就能通過（pass），經典是「芝麻開門」；而 cryptography 一詞裡的密碼，指的卻是「加密後的訊息」（也稱密文，ciphertext），在某些語境則用來表示「密鑰」，只是在中文巧合地也被稱為密碼。2020 年起實行的《中華人民共和國密碼法》，指的固然是後者，有媒體連密碼所指為何都沒搞清就胡亂報導隨意分析，貽笑大方。

　　我沒考究過兩詞的起源，但相信巧合是源於兩種「密碼」在防盜方面類近的功用。password 密碼，不算《一千零一夜》的話，可以類比為保險櫃，會上網的人至少有十個、隨時上百個，當能理解。這

種防盜，在物理世界是不讓人拿到、接觸到；在資料無限複製的數位世界則是不讓人看到、聽到，密碼一旦被破解，比如香港警方破解黃之鋒的手機密碼，裡面的資料就會被看光光。

而密碼學的關注雖然廣義也可理解為防盜，重點卻在加密（encryption），讓人卽使看到聽到也搞不懂意思，得物無所用。二人對話，要避免被第三方得知內容，一個辦法當然是不讓人聽見，比如耳語或以紙筆書寫然後立刻燒毀，這些古早方法只適用於當面溝通，但在大部分情況，溝通是要把訊息傳到遠方。古人的飛鴿傳書會被中途攔截，現代的電訊網絡或衛星通訊則多半被「老大哥」監控著，互聯網甚至在設計上就由不同的伺服器作中繼，因此出現第二種辦法：讓人卽使攔截到都看不懂，換言之是加密。

敏感加密技術　政府牢握

電影《解碼遊戲》（*The Imitation Game*）中，少年圖靈（Alan Turing）跟同學傳紙通話被老師發現攔下，但二人把對話加密，老師看著搞不懂，大為光火。我們沒有圖靈的腦袋，但大概不少都在讀書時玩過類似的解碼遊戲，比如把 A 寫成 B，B 寫成 C，餘可類推，讓人摸不著頭腦的「IFMMP」，倒推解碼後得知是 HELLO。這就是最

簡單的加密和解密。

　　《解碼遊戲》講述成長後的圖靈如何協助英國政府破解德軍的加密訊息，除了改寫二戰的歷史，也爲今日無處不在的電腦奠定基礎，該片奪得 2015 年奧斯卡最佳改編劇本，雖然被批評篡改歷史和淡化圖靈的同性戀傾向，但確實精彩，也側面說明密碼學廣泛而深遠的影響。二戰以至其後的冷戰時期，密碼學幾乎全部用於軍事，加密和解密使用的是專用的設備，後來電腦日漸普及，才出現加密解密軟件，而無論是硬件還是軟件，只要解密難度足夠高都屬敏感加密技術，一直被美國政府限制輸出外國或用於民間，但民間組織固然也有加密的需要，因此以商業和人權爲由反對限制，這個持續幾十年的「攻防」至今未止，稱爲 crypto wars（密碼戰爭）。前面提到的《中華人民共和國密碼法》，可說是中國版的 crypto war，不同的卻是民間毫無還手之力，未曾開始已結束。

匿名與半匿名

　　有別於一般人的印象，除了少數特別著重私隱的鏈，區塊鏈上的交易並無加密，換言之，Alice 給 Bob 發送 100 比特幣的話，交易在這份「公開帳本」人人可讀，完全透明，這也是我會用「密碼貨幣」

而非「加密貨幣」來翻譯如比特幣等 cryptocurrency 的原因。

但密碼學的確是區塊鏈的核心，沒有密碼學就沒有區塊鏈，只是其用途在於驗證身分，亦是密碼學由加密訊息引申的另一關鍵應用——簽署（signature）。古時皇帝要取信於民，證實聖旨是自己下達的，用的是玉璽。區塊鏈也一樣，Alice 給 Bob 發 100 比特幣的指令，因爲蓋了她的「玉璽」，即以只有 Alice 自知的私鑰（private key）簽署，而公衆得以使用 Alice 的公鑰（public key），也就是她的「錢包地址」，來核實訊息來源。

區塊鏈上的交易不單沒有加密，甚至全世界都可查閱，這是私隱還是透明，視乎用戶如何處理個人的半匿名公鑰。匿名（anonymous），是再一個經常被誤解的概念，比如大衆認爲網上討論區「連登」是匿名制，但從計算機科學的角度，連登只是半匿名（pseudonymous）。半匿名其實每個人都很熟悉，電話號碼的運作就是如此，舉例說，要是不知道 98765432 是 Alice 的號碼，91234567 是 Bob 的號碼，外人只知道兩個沒有意義的號碼通話；但一旦知道號碼背後的身分，Alice 和 Bob 的所有通話歷史全都會被知悉。在這種情況下，Alice 要保護私隱，就要獲取不跟身分綁定的預付號碼，而且經常替換。一旦半匿名的暱稱用多了，電話號碼、連登帳號、筆

名、區塊鏈的公鑰，什麼都好，便會因眾多的關聯讓身分易於暴露。運用半匿名的典範非比特幣的發明人或發明團隊莫屬，其以中本聰（Nakamoto Satoshi）暱稱發表白皮書[13]及在其後的兩年跟社群共同開發，最後絕跡江湖，從來沒有人知道其真正身分。

真正意義的匿名，比半匿名更進一步，不但暱稱跟真實身分沒有關聯，而且每次發訊息的暱稱都不一樣，外人沒法從長時間的行為推斷身分。匿名的例子不多，著名的迷因（meme）論壇 4chan 是其中之一。

FB 嚴阻加密貼文

數位世界的加密和匿名，對應的是物理世界的蒙面。理解到這種相關，自當理解何以兩者均被體制視為眼中釘，前者無論美國和中國政府都企圖牢牢掌控在手中，後者港府「以身試法」誓要禁止。談到反《蒙面法》，數位世界也有極為相近的例子，這次出手的是去年創辦人侃侃而談私隱乃未來發展方向的 Facebook。友人初創公司 Dimension 專門研發加密技術和分布式網絡，推出 Maskbook[14] 讓人

---

13) Nakamoto, S. (2008), Bitcoin: A Peer-to-Peer Electronic Cash System. 擷取自 https://bitcoin.org/bitcoin. pdf，檢閱時間：2020 年 6 月 3 日。

14) 已更名為 Mask Network。

在 Facebook 張貼指定用戶才能解碼的加密信息，相當於有人蒙面乘搭地鐵而閉路電視不知乘客身分。以分析用戶訊息分發廣告賺個盤滿缽滿的 Facebook 因此出盡辦法阻攔，連在 Facebook 和 Messenger 分享 maskbook.com 網址，都會以「違反社群守則」爲由禁止發出訊息，這種不許百姓點燈的作風似曾相識，教人體會到一旦缺乏機制抗衡，體制各個層面必會隨意釋法和執法。

過往賽博龐克和黑客（hacker）才懂得關心的密碼學和區塊鏈，隨著組織濫權、老大哥監控、人工智能科技突飛猛進，逐漸變成顯學，不去學習一招半式傍身的，大概是還沒理解到自己每天都在數位世界裸奔。不能怪公衆，畢竟政府除了拍些反智的宣傳片說密碼貨幣騙人之外，從未做過任何正面教育工作，相反，讓監控愈益方便的措施則從不或缺。

去年反對《逃犯條例》修訂草案運動觀塘區遊行，示威者鋸斷並拉倒一條智能燈柱，創科局前局長楊偉雄譴責「是香港創科黑暗的一天」。傻兮兮地深信科技興邦卻連資訊科技界選民身分都沒有的我卻認爲，這是近年科技與私隱、便捷與自由的博弈中，意義最重大的一天。區區一條燈柱，讓華人甚至全世界反思私隱的重要性，給政府空間重新思考如何取信於民，歷史意義非凡。

2.4 建立信任機器

假如健力士有最多鈔票款式紀錄，估計香港有機會問鼎世界冠軍。流通市面的港元紙幣有香港金融管理局發行的 10 元兩款，20、50、100、500、1,000 元共五種面額，由匯豐、渣打、中銀三家銀行發行，2003、2010、2018 年三代設計，相乘共 45 款，當局還嫌不夠，讓渣打和匯豐分別發行 150 元紀念鈔票，總共 49 款。

你能分辨 49 款流通紙幣麼？

香港的金融管理以穩健保守馳名於世，但那都是聯繫匯率、外匯儲備、按揭比例、上市條款等上層建築，反而最貼近市民日常生活的發鈔，手法卻帶點花俏——如果新鈔是為了提升防偽技術，何不沿用原有設計？且不說辨別真偽，一般人記得了 49 種款式鈔票麼？失明人士呢？各款新鈔已在市面流通多時，金管局網站的防偽特徵教學短片不過一萬多點擊，連郭富城主演的 YouTube 教學短片，點擊量也僅逾三千 [15]，似乎讓市民用新款式鈔票，比教育市民辨識還重要。難怪《樹大招風》道具領班一度因為藏有偽鈔被判刑 [16]，畢竟市民很容易

---

15) 2024 年 5 月時點擊量為 7.7k。

16) 其後該案被告上訴得直獲撤罪。

誤會道具鈔票是第 50 款鈔票（笑）。

　　個人除了在小店消費時，一律使用各式電子支付，從提款機每次總是取 400 以避免拿到 500 元鈔票，身上幾乎從來不帶超過 400 元現金，害得一生只用「眞金白銀」的母親「養兒一百歲，長憂九十九」，常擔心兒子周轉不靈。平日極少使用大額鈔票，在港的日子不曾煩惱過收到僞鈔，直到去年賣掉用不著的錢七，收到買家給的幾十張千元紙幣，才發現自己從未見過那麼多「眞錢」，且因爲鈔票款式前所未見，我根本不具備分辨鈔票這項生活基本技能。不，在香港搞不好是項特殊技能。

　　不是開玩笑，看銀行和找換店的出納員就知道，分辨鈔票眞僞需要眞材實料，只是香港過去幾十年經濟繁榮，治安也好，一般市民沒有太多機會接觸僞鈔。於是當千元僞鈔出現了，食肆紛紛拒收千元紙幣，因爲普通人根本不懂區分眞僞。不過，不同地區經濟發展階段不同，市民技能也會不同，我就試過在電子支付盛行前的中國大陸乘計程車，不小心支付了僞鈔，司機看都不看，單憑手感就把錢退給後座的我，輕描淡寫吐出一句「假的」。

防偽技術成本高

又有一次因為按揭，銀行給我回贈數萬元的超市現金券。很少光顧超市的我想要賣掉，網上搜一下，功能類似貨幣的現金券果然有流通性，100 元禮券市價九十幾。當時我想，換了買方是我，絕對不懂分辨收回來的幾萬元現金券是真是假。活在基建成熟的香港，很難意識到貨幣防偽實際上是個大難題，門檻極高，一方面超市不可能像金管局投入那麼高成本，另方面就算現金券使用上先進的防偽技術，如何教育收銀員以外的廣大市民甚至非港人分辨，又是個更大難題。

星巴克近年就因假優惠券困擾不已，美國 2018 年就一度流通讓非裔美國人免費喝咖啡的假優惠券，還用上了 N-word，結果弄得滿城風雨；同年，台灣也有大量假星巴克優惠券流通（見下圖），店方得在網站開設闢謠專區，一年下來列出共 29 款假券！

75

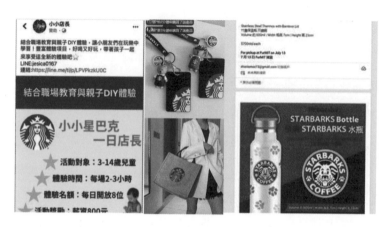

假 Starbucks 券：https://www.starbucks.com.tw/stores/allevent/show.jspx?n=1016

　　因為防偽技術以及教育大眾的門檻，過往一般機構要發行「貨幣」，接近不可能。或者反過來說，過往機構發出的充其量會被視為代用券，離不開機構相關的消費，更踏不出國界，雖然香港 1998 年發生過超群西餅清盤以致餅卡失效事件，但影響層面始終有限，也並未造成監管難題。

　　但隨著區塊鏈的出現，防偽這個連政府都頭痛不已的問題一下子變成小菜一碟，使用以太坊發行通證（token），花幾分鐘就能搞定，成本只需幾塊錢，就如個人電腦的發明，讓普羅大眾都能處理以往大型電腦方可應付的複雜運算，或是互聯網的組成，讓個人就能輕鬆搭建網站接觸到全世界，這種以往跨國媒體才做得到的事。電腦讓個人

演繹和歸納訊息，互聯網讓個人傳達和接收訊息，區塊鏈再掀革命，讓個人證成和核實訊息，產生信任。

以密碼學爲基礎，無大台而不可竄改的區塊鏈，用在通證發行，不單讓全世界都能輕鬆驗證通證，更能輕易查到發行量，各項特性加起來，讓個人得以毋須互信基礎傳送和接收資產。這還不止，稍懂技術的甚至能確認智能合約設置的發行上限和發行規律，避免濫發，因爲無大台的特性讓基於區塊鏈的發行方不像聯儲局——什麼時候喜歡就修改既定原則，隨時來個量化寬鬆。

區塊鏈降社會信任成本

信任是昂貴的。誠信上的信任需要長時間去積累，卻可因爲一件小事而馬上消失，制度上的信任需要大量資源去建立和維護，信任的失落會讓生活每個環節都產生額外成本。

蔡英文總統 [17] 說，「自由就像空氣，你只會在窒息時，才會察覺到它的存在」。信任也差不多，我們活在一個基本上可信的社會環境，錯覺人類社會花了萬年建立的信任體系理所當然。回想以前初次閱讀

---

17)　前總統。任期爲 2016-2024 年。

區塊鏈的介紹，說金錢交易需要對中介的信任，字面上看懂了，實際上因為平日沒有這個思考過程，根本領會不到，給幾元買了一斤菜，自己跟菜販的簡單交易而已，跟信任作為中介的政府有何關連。後來輪到自己發行通證，要從零讓使用者理解它的由來，才逐漸體會到其他方面再怎麼不信任政府都好，平日使用法定貨幣交易，前設已是信任它的發鈔機制，從最基本的防偽，到發行量的掌控等。

有些人總覺得區塊鏈好難懂，或者如股神巴菲特般乾脆全面否定，其實正是因為太了解社會一直以來的運作體系，了解到一個程度，對突破失去想像力。

嫌區塊鏈難懂，不妨先撇開技術實現和深入的應用場景，把它視作一個全世界都能查到卻沒人可以竄改，可以用作數位訊息防偽的「信任機器」，已經算掌握區塊鏈最核心概念。

2.5　建築師與先知

　　很多人喜歡電影《22 世紀殺人網絡》，各種原因都有，意念創新、格鬥華麗、劇情豐富，甚至單是奇洛李維斯（Keanu Reeves）耍帥就有夠好看了。我也不例外，以前就覺得電影對虛擬世界的刻畫很到肉，認識區塊鏈後重看更是驚訝，這齣遠在 1999 年推出第一集的三部曲，竟然在比特幣出現前已經預視到區塊鏈的各個重要元素，更深刻理解之間的博弈關係，真箇神作。

智能合約：被動執行代碼和邏輯

　　《22 世紀殺人網絡》最鮮明的形象當然是被奉為救世主的 Neo，他的同伴有後來成為摯愛的 Trinity，和發掘他潛能的 Morpheus。至於母體（Matrix）一方，除了最搶眼的 Agent Smith，還有兩個不可或缺的角色 Architect 與 Oracle，我姑且翻譯為建築師與先知，前者是個滿臉鬍鬚身穿白色西裝的中年男士，後者形象是個大媽，先後由兩位黑人女星扮演，電影中交代是為了躲避追捕而改變形象，實情卻是首位演員福斯特（Gloria Foster）在拍攝期間不幸離世。

　　建築師就是搭建 Matrix 的人，代表的是整個 Matrix 世界的運作

原則。區塊鏈無大台而有共識，靠的是 protocol，這些在物理世界以法律和公德體現的原則，在區塊鏈有另一個讓麻瓜摸不著頭腦但已廣爲接納的稱呼，智能合約，用於處理整個世界的邏輯。不單是區塊鏈，數位世界的所有邏輯通通由代碼定義，共享創意（台：創用 CC，Creative Commons）創辦人萊西格（Lawrence Lessig）2000 年在《哈佛雜誌》（*Harvard Magazine*）發表的《代碼即定律》（*Code is Law*）[18]，說的就是這個道理。其實 code 這個字本來就有條文的意思，只是電腦應用太廣，我們幾乎只記得 code 指的是代碼。不過，雖說「code is law」，數位世界的代碼其實要比物理世界的法律還霸道得多，物理世界中每個個體在邏輯上都能違法，只是可能有後果而已；但在數位世界，個體是從邏輯上「守法」，根本沒有違反的能力，所以「law」在這裡並非法律，而是「定律」。

無論物理世界還是數位世界，code 都是有瑕疵的，前者是惡意釋法，不公執法，或立法機關沒守住從根本上的惡法，後者則是我們常說的臭蟲，bugs。前者有多霸道，港人沒有福分陌生，至於後者在 Matrix 世界就是 Agent Smith，基於 code is law 的最高原則，Agent Smith 雖是建築師做出來，卻連他本人都阻止不了，於是最後跟 Neo 合作，借最強黑客之手「除蟲」（debug）。

---

18) Lessig, L. (2000), Code is Law: On Liberty in Cyberspace. Harvard Magazine (2000, 1-2). 擷取自 https://www.harvardmagazine.com/2000/01/code-is-law-html，檢閱時間：2020 年 6 月 3 日。

智能合約藏「臭蟲」　駭客藉漏洞竊幣

　　區塊鏈的十年歷史上，臭蟲作惡比比皆是，其中最為著名要算 DAO（去中心自治組織，Decentralized Autonomous Organization）。2016 年 4 月，以太坊社群推出了新通證 DAO，首次利用區塊鏈的智能合約去映射（map）物理世界中機構的邏輯，因著不可竄改和無大台的特性，智能合約一旦開始運行，組織就會在不經中央推動的情況下在區塊鏈自動執行，因此命名為 DAO。然而，DAO 推出後卻被發現臭蟲，有人因此在數小時內駭走約 360 萬 ETH（以太幣），以當時 1 ETH 兌 20 美元左右，值 7,000 多萬美元，以現時 ETH 的幣價，更是十倍以上 [19]。大為緊張的社群反應不一，以太坊創辦人布特林跟一部分人主張「扭轉物理定律」，在駭客在沒來得及提領前把以太幣歸還，另一部分則認為 code is law 才是最高原則，應該尊重代碼產生的邏輯，造成最終以太坊「硬分叉」（hard fork）成兩個平行時空，現在我們稱為以太坊的其實是另一個新生成的世界，寧可承擔被駭的死硬派繼續運營節點的，取名為以太坊經典（Ethereum Classic）。事件後，稱為 DAO 的通證雖以失敗告終，但同樣稱為 DAO，即去中心自治組織這個概念，卻發揚光大。

---

19)　2024 年 6 月 16 日，ETH 兌美元價 3,618，即 100 倍以上

先知：提供鏈外訊息

DAO 被駭事件引申出很重要的思考，既然代碼就是定律，那代碼得出來的結果就是必然，我們憑什麼說這是被駭？當我們說「被駭」，其實就是加入了價值判斷，認爲代碼的原意並非如此，這個邏輯屬於漏洞。而這個判斷的價值，不存在於這個 DAO，而是存在於我們身處的物理世界。身處一個世界卻能得知另一層世界的事件，區塊鏈的術語稱爲 oracle，有人翻譯爲神諭，這裡姑且續用先知。

舉一個簡單的例子。假設 Alice 和 Bob 打賭明天的天氣，兩人分別存 1 元到智能合約，假如明天放晴，智能合約自動把共 2 元轉帳予 Alice，否則把 2 元轉帳予 Bob，由於代碼自動執行而且去中心，兩人沒法反悔和作弊。然而，區塊鏈如何得知物理世界的天氣？負責把物理世界的事件傳達給區塊鏈的，就是先知。先知掌握話語權，智能合約因應作出處理，到底智能合約更霸道，還是先知更厲害，不言而喻。

回到電影，雖然建築師掌控了 Matrix 世界的一切邏輯，跟先知的角力還是棋差一著，先知指引最強黑客 Neo，最終打倒 Agent Smith，成功 debug。如果 Matrix 世界的概念太過抽象，不妨回到物理世界去理解。比方說，法律明確定義了參選議員資格，但當有人凌駕於司法與執法，以先知的姿態任意詮釋這些資格甚至參選人的用

心，法律絕對保障不了公民的參選權。又例如，防僞技術讓人分辨眞鈔假鈔，但阻止不了政府濫發，甚至在更基礎的層面，政權是否擁有正當性，防僞技術可派不上用場，眞鈔，並不代表眞錢。

區塊鏈實現民主　制衡先知獨大

區塊鏈不可竄改和無大台的兩大特性，讓所有人都能核實而沒有人能惡意修改，只要先知把「事件中沒死一個人」、「地球是平的」寫在區塊鏈，就誰都能讀到而都沒法竄改，至於在物理世界這些是否屬實，那是另一個層面的事。

無論區塊鏈建築師多厲害，都只能按既定邏輯辦事，眞正主宰大局的卻是從源頭定性眞、假、善、惡的先知，這是區塊鏈作爲「信任機器」鞭長莫及的地方，必須深刻理解，萬一誤解這一點，區塊鏈不單無助個人充權，更會反過來爲體制背書。要彌補信任機器的缺失，就需要用到去中心自治組織，把治理從一小撮人手上，下放給所有持分者。

也就是民主。

2.6 **習學工作坊** #2

加入社群　獲取資訊

　　「無大台、有共識」的前提是個體的參與，不然設計得再好的機制，都沒有意義。

　　活用數位身分，加入 DHK dao 互動區，獲取社群資訊。

https://ckxpress.com/workshop-2/

第三章	區塊鏈與價值

　　打從懂事開始，我們便每天接觸金錢，衣食住行事事有個標價，尤其在香港，用者自付被奉爲金科玉律，鐵路每多坐一站都有不同車資，全球城市鮮有如此分毫不差的定價方式，彷彿我們的貨幣眞能準確衡量每坐一站的價值。

　　的確，香港的貨幣體系成熟而穩健，以至於我們把金錢視爲理所當然到一個程度，已經忘記它並非自有永有，既不是物理定律也不是天然資源，而是一份社會制度，人與人之間的共識，隨著時間而改變。要理解金錢與價值，我們需要暫時忘掉一直以來的認知。參考羅爾斯討論社會資源正義分配時所用的「無知之幕」，我也想讓人抽離身處的社會框架，忘掉已建立的一切，回到原初狀態。因此設計出來的思想實驗，稱爲「漂流教室」。

3.1　漂流教室：一幣一世界

試想像我們一班 40 位同學，像經典日本漫畫《漂流教室》般，突然去了一個荒島，接下來的日子需要互相協作，共同生活。荒島的主要糧食是魚，平日同學各自釣魚，有時候 Alice 運氣好多釣了一條，就給 Bob 吃，換取他幫忙生火一次，這是最原始的交易方式，以物易物。

貨幣的三大功能

漸漸，大家發現要找到價值相若的物品且正好對方也想交換，十分困難。Alice 有魚但不再需要 Bob 幫忙生火，Carol 需要生火也可以給出蘋果作為代價，但 Bob 想要的是魚，而想要蘋果的 Dave 只會打水。於是有一天，精通經濟的 Eve 提議，在島上到處拾來 1,000 個貝殼，用來做荒島幣。

要起動荒島幣的使用，需要先把幣分配出去，最簡單的方法是讓 40 位同學每人分 25 枚，不過 Frank 有個更好的提議，獲得同學的支持：由於島上最缺乏的糧食是魚，為了鼓勵大家釣魚，同學共識，每釣到一條魚給大家吃，就能領一枚荒島幣。Frank 把這個換取荒島幣

的共識機制稱爲 Proof of Fish，釣魚證明。

Dave 最擅長釣魚，以往釣得太多的時候，爲免浪費只能送給其他同學，有了荒島幣，他一次過釣了 10 條魚，可以換來 10 枚荒島幣，想要換取什麼服務，往後再決定就好。換言之，他勞動所得的價值可以保存起來，這是價值儲存，store of value。Alice 以蕉葉架了個帳篷擋風遮雨，定價 20 枚荒島幣，這是價值釐定，measurement of value。Bob 以 20 枚荒島幣換取帳篷，這是價值交換，exchange of value。這三種，就是荒島幣的基本功能。

社群通證承載核心價值

分配原初荒島幣之所以使用釣魚證明，是因爲在這個群體裡面，最重要的是魚，魚是群體的稀缺資源也是核心價值。假如這個島的魚很多，反而水果才難找，那麼群體共識出來的便會是 Proof of Fruit，摘果證明。又假如荒島資源豐富不愁吃喝，就是有點無聊，大家的共識很可能會是誰能作首曲寫首詩給大家欣賞，就能得到荒島幣，這可以稱爲 Proof of Creativity，創造力證明。

有人花工夫產出社會上本不存在的價值，好比以鋤頭鑿地挖礦，

因此通過 Proof of Fish 得到荒島幣可以類比為釣魚挖礦，其餘的也可是摘果挖礦、創作挖礦。Proof of X 的 X，就是共同體的核心價值；共同體所使用的社群通證，就是其核心價值的載體。不做出一種貨幣，就沒有盛載核心價值的容器。一種貨幣一個世界，貨幣演繹世界觀，是漂流教室思想實驗想要說明的道理。

再舉一個現實生活的例子。聖雅各福群會在灣仔推行「社區經濟互助計劃」已經十幾年 [20]，其使用的時分券共識機制很簡單，就是個人為群體貢獻了多少時間，就能賺取多少時分券。替別人理髮 30 分鐘可得 1/2 小時券，陪診 60 分鐘可得 1 小時券，提供法律諮詢 5 分鐘得 1/12 小時券，諸如此類，而時分券可換取其他人提供相同時間的服務。不論醫生、警察，還是看更、清潔工，工作一小時得到的回報都是一樣的，這是許冠傑唱的《半斤八兩》，名副其實的「一分耕耘一分收穫」，可說「寸金能買寸光陰」，是一種跟香港主流極為不同的世界觀。沒有時分券而使用港幣，群體沒可能演繹這種價值觀。

---

20)　該計劃於 2001 年推行。

法定貨幣演繹國家價值觀

我們甚至可以說，不單是社群通證，即使是法定貨幣，即是很多人心目中唯一能稱為金錢的東西，一樣附帶自己的世界觀。當然，這種世界觀不一定像時分劵那麼清晰，用一句話就能概括，但還是會反映在國家的貨幣政策、治理制度、福利規劃等各種範疇。比如 quantitative easing 就是一份世界觀，翻譯成書面語叫「量化寬鬆」，翻譯成廣東話叫「洗腳唔抹腳」。

廣東話就是那麼精妙。常有人說某某藝人去賺人民幣了，不用長篇大論，字裡行間已經包含了藝人服膺於人民幣世界觀的潛台詞，而大家都能心領神會。

其實我們早就懂得，貨幣附帶著自身的世界觀。

我想讓人抽離身處的社會框架，創造一種貨幣一個世界，設計出來的思想實驗，稱為「漂流教室」。

3.2 金錢是個形容詞

當一群人流落荒島，漸漸使用了貝殼作荒島幣，那貝殼就有了價值釐定、價值儲存、價值交換三種功能，也就是一般人理解的「金錢」。

「金錢性」

即使 Alice 身上還有港幣，不確定會否有天重回城市的 Bob 卻不願接受；在這個環境，港幣不再具備金錢的功能。反而，Alice 雖然花光了貝殼，但摘了香蕉，Bob 也願意以魚交換。一梳香蕉對應定價一貝殼的魚就是價值釐定，存放一週不變壞是價值儲存，真正換得一條魚則是價值交換，換言之，香蕉也是「金錢」了。再推演下去，我們大可以把各種物品都分為「錢」和「非錢」。

顯然，這個非此即彼的分類方式並不準確，也會隨著使用場景而不斷改變，然而，「金錢與否」的確是一般人的世界觀，也是部分經濟論述的分類方式。美國經濟研究所（AIER）研究員科寧（J.P.

Koning）[21] 在他的網誌 *Moneyness*[22] 提出了一個有趣的觀點：金錢較適合用作形容詞而非名詞（Money is best described as an adjective, not a noun）。換言之，相對於認定唯有國家政府發行的法定貨幣才是金錢，比較準確和有用的世界觀是把各種資產按照價值釐定、儲存、交換三方面功能，尤其是交易能力，來衡量資產的「金錢性」有多高。

金錢性除了幫助我們理解到「石油比香蕉金錢」、「美元比石油金錢」，還有助分析歡樂天地代幣、百佳券、時分券、土地、房地產、股票、大米、石油，還有比特幣、以太幣等各種社會對其理解不一而足的資產。這個框架帶出一個有趣的問題，只要找出價值釐定、儲存、交換能力均無懈可擊，全球金錢性最高的資產，那全人類豈不就能最簡單方便一起使用這「真‧錢」？

問題卻是世界並沒有那麼簡單。首先，無論美國、中國、歐盟，還是聯合國，都不足以讓全世界信服，誰來釐定「世界金錢」的發行量和流通就足以引發第三次世界大戰。別說是全世界，就算是荒島裡的一班同學，也可能有人因口味不同而反對以魚作為荒島幣的核心價

---

21) 2024 年時為金融作者。

22) Koning J.P. (2012), Why Moneyness? 擷取自 http://jpkoning.blogspot.com/2012/12/why-moneyness.html，檢閱時間：2020 年 6 月 3 日。

值，另起爐灶發展以水果爲核心的新荒島幣。其次，如上所述，資產的金錢性是動態的，會隨著不同的應用場景和不同時間改變，金錢性永遠最高的資產並不存在。第三才是我認爲最重要的一點，價值是多元的，價格卻是一維的，要以單一貨幣衡量萬事萬物，必然會扼殺多元價值。

事實上，世界各國只把政府發行的貨幣定爲法定貨幣，也無可避免會扼殺多元，當回收行業、體育運動「不賺錢」，一個可能性當然是它沒有爲世界帶來價值，但也有另一個常被忽略的可能性卻是，該國貨幣沒有反映這種價值；白話說出來就是，該國的政策沒有提倡這種價值，因爲一個國家的政策總是透過發行和調配法定貨幣而達到的。英文諺語說「put your money where your mouth is」（用錢來證明說的話眞確），最適用於政府，雖然「your money」其實不是政府的而是人民的；政府控制著貨幣發行、人口規劃、福利扶貧、教育醫療等各方各面，有機心也好沒意識也好，每分每秒都在塑造和影響社會總體價值觀。政府大可以說社會的核心價值觀是創新，是堅守專業崗位，我們要做好科研和基礎教育云云，但當最賺錢的是炒賣資產，學校講求快速回報，前線醫護待遇遠遠比不上行政管理，政策顯然沒有在演繹口裡說的核心價值觀，you're not putting your money where your mouth is，還是中文簡潔：你打嘴砲。

國家主權貨幣

不知有多少人像我年少時般無知，以為投資的本質是不勞而獲，拒絕一切投資。後來開竅，不是因為認同投機，而是意識到以港元儲蓄的自己，其實早就開始投資港元而不自知。除非你是馬克思口中的無產階級，否則你必須選擇一種方式來儲存剩餘價值，選擇該國法定貨幣就是認同它升值或至少保值能力，也一定程度認同政府的正當性、貨幣政策，以至總體國力。年少時不經思考地儲蓄港元的我，誤以為法定貨幣就是絕對而永恒的金錢。

以上並非否定法定貨幣的意義與力量，只是想帶出金錢是個形容詞，資產是個光譜，而且一直隨時代變化。美元、歐元、人民幣等的確是光譜上金錢性最強的資產，只要政權穩定——最重要的莫過於確保政權能穩定移交的制度，貨幣政策不出大錯，而個人消費又大部分使用該國貨幣，法定貨幣的確是最保守和穩健的投資工具之一。

從政府的角度，法定貨幣的功用在於體現主權，即「這裡我說了算」，所以主權國家以及歐盟必定發行自有法定貨幣，即使小國要與更大經濟體的貨幣如美元掛鈎，也不會直接使用美元，否則等同放棄主權。

經濟學 101 告訴我們，供求影響價格，既然貨幣的需求沒法控制，要保持價格相對穩定，方法就只有控制貨幣供應量去配合需求，在區塊鏈出現之前，行使這項權力只能透過政權的認受性獲取人民信任，法定貨幣可能由黃金、外幣、國力背書，但歸根結柢，還是需要政府的認受性背書。

錢不是萬能

價格穩定是個相對的概念，畢竟自己對自己穩定，說了等於沒說。法定貨幣相對的要麼是更大的外幣，要麼是一籃子商品，而選擇的商品固然是生活基本所需，反映社會價值的最大公因數。法定貨幣即使能做到穩定或者有序升值，只能是相對生活最基本需要，而沒法涵蓋更廣的商品與服務。

法定貨幣不但沒法對應所有商品都價格穩定，很多時候根本買不到馬斯洛金字塔中較上層的人類需求——尊重和自我實現，是法定貨幣不能逾越的線。當家長說某些志向沒「錢途」，社會質疑「義氣幾錢斤」，並不是志向與義氣本身沒有價值，而是法定貨幣沒法映射這些價值，兼且政策沒有去彌補，兩者共同產生的結果。

　　俗語說「錢不是萬能，但沒有錢就萬萬不能」，不單是警世箴言，也道出了法定貨幣的本質。

3.3　守護核心價值

　　假如我們把價值觀包裹爲一顆越往內層越是重要的洋蔥，當把表皮一層一層剝掉，直至淚流滿面，剩下來最裡面的，就是我們的核心價值。

　　我們經常聽到政府和政客提起核心價值，但不確定那是行動綱領還是口頭禪。理論上我們的行徑由核心價值主導，生活中我們卻很少提起它，彷彿越美麗的東西我越不可碰似的。

　　且把核心價值從神枱拉下來，避免「高大空」，生活化地理解核心價值。畢竟，所謂核心價值不過就是你最重視的東西而已。

　　核心價值絕非成年人的專利，不妨這樣理解，對於沉迷「抖音」的少年，模仿嘴型唱歌拍短片希望得到追捧，就是其核心價值，至少是這個人生階段的核心價值。這樣好像矮化了核心價值，說得跟興趣沒什麼區別，但反過來，假如有人說自己的核心價值是公平正義，卻無時無刻在玩抖音，就顯得如政客般虛偽了。

　　不再年少沒法理解抖音的，說不定也在做差不多的事情，只不

過是平台換到 Instagram，內容形式換到 stories 而已，而那之前是短片，再之前則是加上濾鏡的方形照片。年長一點的，在意的則可能是 Facebook 帖子得到多少按讚。至於對社交媒體嗤之以鼻，只活在「真實世界」的成年人，說不准沒有意識到，自己也每天在競逐升遷、加薪，以及各種影響力與存在證明。

在社交網絡，參與者每天賺取社會資本（social capital），通俗說就是名氣。當然很多人並非刻意要去爭名，但因為參與者的時間有限，而平台會按演算法來展示它判斷為最有價值的內容[23]，於是參與者無論有心還是無意，客觀效果都是在爭取社群的注意力。明星發佈一張打噴嚏照片按讚成千上萬——當然這個噴嚏比較優雅，你去發佈一篇嘔心瀝血的論文乏人問津，除了因為你不是明星，也因為你的核心價值跟這個平台不符合。

所謂社交資本，就是傳統社會說的「名利」裡面那個「名」，而名利雙收與為名不為利的客觀效果沒有太大區別，反正社交資本和傳統貨幣可以互相轉換，跟美元與人民幣兌換差不多，就差沒有明碼實價的找換店。很多人樂此不疲經營粉絲專頁，為的正是他日推廣自家

23) E. Wei. (2019). Status as a Service (StaaS). 擷取自 https://www.eugenewei.com/blog/2019/2/19/status-as-a-service，檢閱時間：2020 年 6 月 3 日。

產品、接他人廣告賺錢，或者幫助政權影響選舉結果，換句話說，都是把社交資本兌換成傳統貨幣。反過來的事情也一樣有人每日在做，那就是買讚，買粉絲。

Proof of X：共同認可的價值

至於物理世界生活中，球技高超的、學術卓越的、文筆秀麗的、創意非凡的、廚藝出眾的、樂於助人的、愛惜大自然的，都是個人在重視不同價值的群體表現優秀，會獲得各種認同。很多時候，堅持做好一件事純粹認同其核心價值，出於熱愛而非功利計算，所得到的無論是獎項、讚頌、崇拜還是江湖地位都好，不見得如社交資本可以輕鬆地轉化為金錢，但必然是在對應其在社群裡產生的價值。

不論是抖音、Snapchat、Instagram、Facebook、網遊等社交網絡，還是官場、職場、非牟利組織、學術界、社運界等群體，每個都有一套特定技巧，既是社群的核心價值，也是其遊戲規則，可以理解為「Proof of X」，X 由短片、故事、金句、論文到引用，再到時間、血汗、犧牲與尊嚴都有，認同這份價值的，在群體裡按照 Proof of X 原則去鍛鍊去行事，就能得到群體有形或無形的認可。這跟比特幣區塊鏈的 Proof of Work 工作證明機制如出一轍，節點透過算力加運氣最先求得

下一個區塊的答案（nonce）就能得到新鑄造的比特幣，區別只在於後者把遊戲規則透過代碼定義得一清二楚，再由節點去中心地執行而已。

抖音、Facebook 和網遊等之所以容易上癮，不是因為「虛擬」反而是因為實在，回報機制清晰具體，比較接近一分耕耘一分收穫，反而物理世界，卻是「邊有半斤八兩咁理想」，吹漲！

通證經濟：一分耕耘一分收穫

長久以來，物理世界有著各種發行社群貨幣的嘗試，比如台中合樸農學市集強調生產和捐獻的社群貨幣 V，香港聖雅各福群會強調任何人同時同酬的時分券，都是價值觀鮮明的社群貨幣，很有意義的社會實驗。然而，過往由於科技所限，社群無法大範圍向公眾證成真確性，價值觀類同但所在地不同的社群無法共用社群貨幣，局限了發展和規模效應。

隨著區塊鏈的發展，在以太坊使用 ERC-20 標準發行一套通證只需要幾塊錢，幾分鐘就能生成一套公眾可以驗證發行量與真偽的通證。無論是數位還是物理世界的社群，如果能把核心價值定義得足夠

清楚，映射成能用代碼運算的 Proof of X，配合區塊鏈「信任機器」
和「智能合約」，就能發行社群通證。在每當有人實現價值時，給予
若干通證去反映，做到價值釐定；數位的社群通證便於保存，等於做
到價值儲存；最後，認可這份價值的社群透過通證去交易，也就達成
了金錢的第三項功能，價值交換。

社群通證針對的既然是特定群體的價值，金錢性固然比不上反映
一般商品價值而且歷史悠久的法定貨幣，但反過來也擁有諸多過往無
法想像的優勢，最明顯的是精準地反映和承載社群所重視的價值，把
抽象的價值化為具體的行動清單（actionable items），讓體現核心價
值不只流於遙不可及的願景，產出階段性成果，過程變得比較有趣。
透過更公平地分配予價值生產者而非既得利益者，社群通證也提供誘
因去產生價值而非囤積資產，生產者日常所做的既是真正認同的，也
就能減少異化。

通證比貨幣更強大

一直使用「通證」而非「貨幣」一詞，非為標奇立異，而是前
者是後者的超集（super set），前者有後者的性質，反過來則不一
定。使用源於物理世界的貨幣，只有轉帳的概念，而通證還有持有

（stake）、委託（delegate）、燒毀（burn）等，也因此產生出各種
通證經濟，比如說 MakerDAO（MKR 代幣持有者組成的「無大台組
織」）會以收取到的利息，從市場買入並燒毀 MKR 幣，減少供應，
支撐價格。甚至，當通證設計成話語權點數，更能反映個體在社群的
持分，委託予社群的代議士，以流動民主機制參與去中心自治組織的
治理，決定社群的方向。如此種種，都是歷史上從未有過的機制，而
社群通證不過幾年歷史，一切才剛剛開始。

　　當個人志向不獲身處的社會認同，務實的主張認命，堅定的咬緊
牙關，這種普遍被視爲理所當然，被稱爲「理想與現實」的取捨，隨
著區塊鏈以至社群通證的出現，有更積極的應對方式。

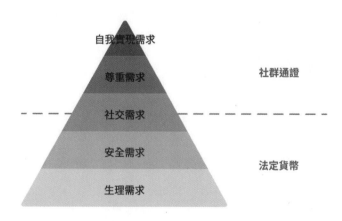

馬斯洛金字塔。社群通證可彌補法定貨幣不足。

3.4　解決公地悲劇

「我在微信為什麼打不開你發給我的 WhatsApp ？」

要是不諳科技的「大媽」這樣問，遇著缺乏耐性的科技達人大概會失笑吧，搞不好會貼到 Facebook 揶揄一番，一個是 WhatsApp，一個是微信，「大媽」居然傻傻分不清。

互聯網不互聯

不過，這問題真的很笨、很荒謬麼？ WhatsApp、微信，還有 Messenger、LINE、Telegram、QQ、iMessage、Hangouts，甚至更早的 MSN、ICQ，作為即時通訊，基本功能都差不多，如果 WhatsApp 發訊息給微信有那麼荒謬，為什麼 Gmail 發電郵到 Hotmail 就可以？古早一點，為什麼香港電訊的號碼打電話給台灣大哥大的門號就理所當然？原來，手機上裝滿各種應用程式的科技達人不過是「畫牆為牢」，被巨企洗腦而已，沒有思考世界理應怎樣，反而不受科技知識束縛的「大媽」，不自覺道出了問題的關鍵：互聯網不互聯。

二十多年來互聯網發展神速，但是細心想像，我們今天在用的通

訊協議（protocol）都已歷史悠久，比如底層溝通的 TCP/IP、讀取網頁的 HTTP、發送電郵的 SMTP、解析網址的 DNS 等，即使應用、硬件以及網絡已經產出千個萬個革命性產品，通訊協議卻沒出現什麼大突破。眞要數的話，點對點的 BitTorrent（簡稱 BT）算是一大創新，但始終沒有到達普羅大衆。

所謂通訊協議，顧名思義，就是業界協調共識出的通訊標準，跟區塊鏈透過共識機制（consensus protocol）保持數値一致原理相同，只要應用的底層按著標準開發，各門各派的軟件都可溝通。因爲有 SMTP 這個電郵發送協議而大家都依循，才有後來 Hotmail、Yahoo、Gmail 等並存，一方面在介面和功能創新競爭，另一方面依然保持互通的大同世界。這看似簡單但絕非理所當然，互聯網普及前的電郵系統比如 Lotus Notes、AOL 等，都是只能發給自己用家的「封閉花園」，用家沒法跟花園外的世界溝通，明顯被開放標準比了下去，最終要麼採納標準的通訊協議，要麼倒閉。

FB vs RSS：封閉與開放的博弈

可是，封閉一定會輸給開放麼？很可惜，不但不是，而且還離事實很遠。續以電郵爲例，Facebook 在 2010 年已經提供郵件功能，

2012 年之前，電郵用戶可以用 kin.ko@facebook.com 這個地址聯繫我的 Facebook 收件箱，然而 Facebook 卻在兩年後低調取消所有用戶郵箱，從開放走到封閉，再然後連顯示第三方郵箱都封掉，越走下去，越是封閉。

其實這些年來，並非沒有優秀的通訊協議發明過，而是沒能成為業界標準。除了 BitTorrent 的潮起潮落，最令人傷感的一場敗仗要算是 RSS，即 Rich Site Summary/Really Simple Syndication（簡易資訊聚合）。簡單來說，RSS 讓網站每當有新內容時，以特定格式通知整個互聯網，供其他網站讀取，再以自有介面呈現。

假如網站都採用 RSS，互聯網無大台但互通：在任何網站發佈內容，都可以透過 Facebook 看；反過來，用戶也可選擇其他社交網站，但還是能讀到朋友在 Facebook 的貼文。當然，現在大家都知道，結果是曾經幾乎每個網站都使用的 RSS 標準，敵不過封閉的 Facebook feed，隨著連谷歌（Google）都在 2013 年停掉支持 RSS 標準的 Reader，雖然到今天還有死硬派在使用，但早已名存實亡。

談起互聯網發展史，從 1999 年 dot-com 泡沫（互聯網泡沫）出現到後來爆破，到互聯網 2.0 再到智能手機帶來的各種革命性應用，

沒有資金泡沫就沒有充分的技術開發和帶寬大白象，面對研發的不確定性，沒有人會像香港政府修橋建路般慷慨，雖千萬億吾往矣。弔詭地，即使是泡沫爆破，也對科技發展有幫助——它提供靜下心讓技術沉澱的餘暇。

的確，「貪多金」Tom.com 時代，百分之九十的公司都是圈錢甚至騙錢的，但當中也有百分之十會做實事而成就了今天的各種應用，裡頭又有百分之一成為了今天的谷歌、Facebook 等。幾年前區塊鏈的 ICO 潮（眾籌發售通證 token sale，俗稱 Initial Coin Offering），把歷史重演了一次。

但 ICO 其中一個鮮有被談論的機制，跟 dot-com 時並不一樣：優秀的區塊鏈項目，開發的並非一個封閉的應用，而是底層的通訊協議和共識機制，而使用這個環境需要使用所發行的通證。最好的例子是當下除比特幣外最大的區塊鏈生態，以太坊及在其上運行智能合約所需用到的以太幣。

最多人共享的　所得照料最少

開放標準逐漸被封閉系統取代，是典型的公地悲劇（tragedy of

the commons）。不知是否因為華人社會沒有 commons 的概念，這字很難翻譯，有人翻譯為公共財，但其實 public goods（公共財）跟無國界而且包含文化和天然資源的 commons 有所不同。片語間接翻譯成公地悲劇，源於 1833 年英國經濟學家洛伊（William Forster Lloyd）舉例牧羊人不在乎過度放牧，結果把英國和愛爾蘭之間公地的草吃光。公地悲劇最經典的解釋，要算是阿里士多德所言，「最多人共享的事物所得的照料最少」（That which is common to the greatest number has the least care bestowed upon it）。

各個即時通訊軟件不互通顯然不是公眾利益也絕非技術所限，純粹是市場領導者刻意為之。即時通訊協議 XMPP（eXtensible Messaging and Presence Protocol）早在 1999 年出現，可惜敵不過 MSN、ICQ、AIM、QQ 等封閉系統，到了智能手機年代 WhatsApp、Messenger、LINE 等當道，XMPP 更是沒人提起了。最諷刺的是，WhatsApp 推出時使用的正是 XMPP，規模做大了才改用自家協議，公眾種樹，私人收割。

責難商人忘本沒用，一句「在商言商」就能開脫所有行為，罵完你還得繼續用，比較有意義的是找方法應對公地悲劇。制定開放基礎建設的機構往往是政府、大學和透過捐款運作的基金會，互聯網協議

和開源軟件如 Linux 等得以大成，有賴熱愛技術、信奉開放的社群，況且，當時科技公司的規模相對現在小得多，公開協議透過市場機制就足以打敗「封閉花園」。

然而互聯網普及，尤其是智能手機普及後，科技公司變得富可敵國，世界銀行有紀錄的 199 個國家當中，183 個的國民生產總值低於蘋果的市值。到了今天，Facebook 不支持的通訊標準，還能怎麼互通？純粹假設，如果蘋果不支持 5G 標準，5G 還算不算標準？

區塊鏈可保護公地

基礎建設開發需要龐大的資金和整合能力，以及開源社群著墨最少的推廣，才會最終到達每一個人的手裡。而比開發資金更重要的是，持續運營公共基建的價值捕捉，聯合廣場風投基金（Union Square Venture）前分析員 Joel Monegro 2016 年的文章《胖協議》（*Fat Protocols*）道出傳神的論述 [24]：過往互聯網的協議層輕薄而且免費，互聯網公司基於 TCP/IP 等協議搭建應用，於是賺取掉所有利潤成為了龐然大物；到了本質就是協議的區塊鏈，使用協議需要收取通證，

---

24) Monegro J. (2016). Fat Protocols. Union Square Ventures blog. 擷取自 https://www.usv.com/writing/2016/08/fat-protocols/，檢閱時間：2020 年 6 月 3 日。

相等於有方法向來公地的牧羊人收費，給全世界誘因去參與建設和維護公地。就是說，通證承載著協議所產生的價值。

至於 ICO，就是透過提前發行並預售使用協議所需的通證，提供開發所需的龐大資金。通證的買家除了是協議將來的用家，也可能是開放標準的支持者，看好這門技術的投資者或投機者。假如二十年前有通證經濟，XMPP 可以發行 IMcoin 支撐開發與推廣，公眾購買 IMcoin 支持項目並且賺取利潤，在 XMPP 基礎開發的各個即時通訊軟件互聯互通而以其他功能競爭，我在微信打開你發給我的 WhatsApp，正常不過。

不，我還是天真了。不過至少，我在 LINE 打開你發給我的 WhatsApp，正常不過。

3.5 鑄幣民主化

電腦讓個人處理複雜運算，提煉訊息；互聯網讓個人連結世界，互通訊息；區塊鏈進一步爲個人充權，讓人證成信任，交換價值。機構甚至個人基於區塊鏈發行通證，相當於以前只有政府擁有的鑄幣能力。

彌補法定貨幣不足

鑄幣過往是如此遙不可及，大部分人大概想都沒想過，不一定體會有這個需求，正如互聯網出現前，我們不太會覺得自己需要發行流通全球的報紙。

價值需要以貨幣作爲載體去發揚光大，法定貨幣反映的是整個國家的共同價值，機構和個人發行通證，可以體現多元價值，彌補法定貨幣的不足。如果這有點抽象，可以對比，傳統媒體只有幾把聲音，因此需要個人網站和社交媒體，才能承載多元聲音。更何況，文明社會有多份報章雜誌和多個電視電台頻道，但法定貨幣卻始終只得一種。民間鑄幣權就如言論與結社自由的延伸，不但理所當然，更應獲得憲法保障。

　　需注意的是，過往幾年各國政府打擊初次代幣發行（ICO），跟這裡倡議憲法保障的鑄幣權不同。大部分法治國家打擊初次代幣發行，法理基礎是部分代幣的設計及宣傳帶有證券的特質，因此需要納入監管，比如美國，證券交易委員會參考最高法院 1946 年的案例，以 Howey Test（豪威測試）判斷某代幣是否觸及 1933 及 1934 年的證券法。Howey Test 有四個要點，如果全部符合，就會被美國法院判定為證券：是一筆「金錢」（money）的投資、投資針對特定企業、投資預期日後產生利潤（profit）和最後一點，利潤的產生仰賴創辦人或企業的付出。我一直強調的去中心管理、產生和反映特定價值的社區通證，在幾個要點上跟 Howey Test 不符，顯然並非證券和投資產品。

　　保障民間鑄幣權除了是為保障個人自由和多元價值，也是體現自主創新（permissionless innovation）。基於區塊鏈的通證除了映射貨幣的功能，還有如參與治理等傳統貨幣以外的用法，短短幾年間已經衍生出多種通證經濟模型，繼續發展下去，有望為人類社會找到貨幣的更多可能性。鑄幣民主化，讓良幣有機會驅逐劣幣。

　　除了反映共同體核心價值的社群通證，網站 Matataki[25] 更進一步，主張「每一個人都是『自己』這個公司的 CEO」，讓用戶輕鬆發行代表自身價值的「Fan 票」，也就是說直接以通證反映社交資本。延續早前的對比，既然互聯網時代有想法的個人就能成為自媒體，有具體價值主張的個人發行代表自身價值的通證，也就順理成章。在 Matataki，粉絲持有某人的「Fan 票」可以用作表達忠誠，但不見得就是盲目崇拜，也可以是對其核心價值認同的程度。發行「Fan 票」的，可以設定支付、持有或是銷毀若干「Fan 票」才能享用某項服務，比如閱讀文章。這種通證設計不單增加了以持有或銷毀獲取服務，這些傳統貨幣做不到的創新模式，也把人與人關係的映射從現在是否朋友、有否追蹤等「零一關係」，演變成有多熟絡、有多認同等程度關係，豐富了社交圖譜的可能性，區塊鏈版本的 Tinder，說不定能精準回答「你問我愛你有多深」！ Matataki 的創辦人島娘在其《為什麼需要鑄幣權的民主化》[26] 一文對如此種種有更深入討論，非常精彩。

---

25)　現時該網站已無法登入，Matataki 的 x 帳號亦於 2022 年底以來未有活動。

26)　Minako Kojima. (2019), 為什麼需要鑄幣權的民主化 . Matters. 擷取自 https://matters.town/a/v8tixvktxf2x 檢閱時間：2024 年 6 月 3 日。

鑄幣的四個門檻

即使國家憲法保障鑄幣權，發行社群或個人通證門檻依然很高。

準確點說，發行很簡單，經營很困難。有了區塊鏈信任機器，發行人人都能驗證而沒有人能作弊的通證，花個幾塊錢，幾分鐘就能完成，防偽這第一道門檻已拉得很低，就差用戶介面和體驗有時會讓人抓狂，比如使用過傳統密碼貨幣錢包的人，大都有過記著十二個英文字的助記詞、一旦丟失就萬劫不復的經驗。對於用戶體驗，區塊鏈產業與社群內很多人在努力改善，這兩年間也有不少進展，區塊鏈應用方便得跟傳統應用看齊，指日可待。[27]

給你一大筆委內瑞拉真鈔你都不一定願意交易，鈔票真偽只是下層建築，發行機制以至政府的認受性等上層建築，同樣重要。信任一種通證也一樣，驗證真偽與發行量只是解決基本問題，發行通證背後的社群或個人的正當性則並非數學就能解決。相關的治理，區塊鏈也帶來了一些物理世界難容的新想像新嘗試，帶出鏈上治理（on-chain governance）、直接的參數改變、流動民主等一連串課題。

---

27)　此書初版發行後，此方面技術確有不少更新，詳看 2024 年新版序章。

　　另一大門檻就是通證的流動性，liquidity。作為一種新資產，反映的又是最底層物理需要以外的價值，新鑄造通證的流動性必然及不上運作已久的法定貨幣。針對流動性問題，區塊鏈生態中有一些流動性協議（liquidity protocol），專門用來促進通證之間的交易，提供流動性加成效應，比如 0x、Kyber 等 DEX（decentralized exchange，去中心化交易所），Uniswap，還有連法定貨幣都一併處理的 Interledger 等。

　　除了以上，影響通證接受程度的還有其波動性（volatility）。波動性與穩定性一樣，都是相對的，當沒有指定對象，一般來說是假定對象為美元，處理波動性這問題的弔詭之處在於，假如沒有任何波幅即對美元穩定，即所謂穩定幣（stablecoin），雖然帶來許多新的使用場景，但歸根結柢是更有效地演繹美元的價值體系，並非反映一種新的價值。反過來說，既然是反映法定貨幣以外的另一重價值，相當程度的波動性委實在所難免。相對於想盡辦法免除波動性，更重要的是不斷釐清與細化通證承載的價值，讓持分者清楚知悉甚至參與共同體的塑造。

價值微積分　多元社會必修

很多人旅遊時會瘋狂購物，即使毫無購物慾的我，每次身在台灣總是小吃買得特別放手。我原以為是心情比較輕鬆，而且台灣小吃也確實吸引，但後來發現對貨幣判斷的偏差也是主因。比如說，我總是在滷味店埋單後換算回港元，才會發現，喔，又多花了，我在香港可不會花 60、70 元買小吃。

我不確定人的大腦運作本是如此，還是純粹幾十年的訓練變成反射，我們做交易的決定只懂得參考一個數字，而且還要是自己習慣的單位。乘上一個比例就足以搞混我們的決策，更何況各種不同通證反映多元價值，吃頓飯便可能要考慮健康、環保、動保、公義等各種價值，決定是否交易，以何種通證交易，有如「價值微積分」，得做一大堆運算才找到最佳解法，恐怕不是這一輩人類處理得來。不過，這不代表鑄幣民主化把世界複雜化，多元價值本來就存在，只是當下的貨幣系統和我們的直觀決策，一直忽略掉除價格外的多種價值。

未來的錢包，即對應物理世界錢包的應用程式，除了肯定能管理各種法定貨幣、密碼貨幣、社群通證等，我相信還會包含人本智能（assistive intelligence），幫助人類在每個交易決策時，權衡多元價值。

3.6 **習學工作坊** #3

獲取通證　成為社群持分者

　　社群通證承載核心價值，DHK 通證，是 DHK dao 持分者的「身分證」。

https://ckxpress.com/workshop-3/

第四章　　│　　區塊鏈與媒體

　　誕生於九十年代的互聯網，經過 30 年的普及化，也順帶普及了一個概念：網上內容普遍免費。然而這個常識，並非理所當然。

　　30 年不短，足以讓很多人忘記，忘記很多內容曾經需要付費獲取。對於「90 後」甚或「00 後」的數碼原住民（digital native），從懂事起已上網，從上網起已免費獲取各種內容，網上內容免費遂成常識。常識有兩種，一種是經過科學驗證，然後逐漸普及到世人心目中；有時這些常識並不直觀，比如今天看來理所當然的「地動說」就非常違反人類自我中心的直覺，因此哥白尼在 1543 年發表《天體運行論》前，「天動說」才是常識。

　　另一種常識屬於社會現狀，並非物理的必然，也不見得是道理的當然，純粹是社會如此運作，久而久之內化成常識，比如駕車收費載客要領牌、餐廳吃飯需要付服務費和小費；這種常識隨著社會變化或科技演化，往往會逐漸改變。網上內容普遍免費，屬於後者。

4.1　創作有價

　　雖然 30 年來網上內容免費是大潮流，但收費生態持續在演變。上過網的人，幾乎都聽過遇過「404 Not Found」頁面，卻幾乎沒有人知道「402 Payment Required」（需要付費）的存在。這些 401、402、403、404 等其實是 HTTP 狀態碼，是萬維網基礎設計的一部分，打從互聯網初期已經存在，可想而知，部分網頁需要收費閱覽，才符合當時的常識。但當其時，窄頻網絡雖然已搭通，付費方式卻還沒配合發展，因此傳統媒體都不會把正以實體方式出售的內容上網。

402 Payment Required 從未使用

　　不久，有人想到仿效免費電視，免費提供自家內容——更多是偷來的，透過廣告賺錢，這模式很快成為主流，免費獲取內容的期望迅速形成，自己不把內容免費上網，用戶就會流向別的地方，逼使大家紛紛效法。很快，內容免費成為了壓倒性的潮流並延續到現在；最大的互聯網公司谷歌、Facebook 等都是這一浪潮的受益者，並得到大部分好處，反而大量內容生產者只能艱苦經營。

　　但網上內容生態也不只是單向往免費走，比如，多年前已經有一

些媒體曾嘗試鎖起內容，築起所謂的「付費牆」，只供付費用戶閱讀，但當時無論是技術和用戶習慣都未成熟，付費牆模式走了十多二十年，到近年才有眉目，而且只適合非常獨特的內容和比較成熟的產業結構。其中，電影和音樂，以串流平台 Spotify、蘋果、網飛（Netflix）等為首的大平台推廣訂閱為主、單買為副的模式，時至今日已成產業共識。另外書本和電子遊戲這兩個製作門檻相對高的內容形式，也逐漸在互聯網確立商業模式，前者自然是以亞馬遜的 Kindle 為首的收費下載，後者則比較特別，發展出免費下載、道具收費的生態，以騰訊為市場領導。

　　電影、音樂、書本、遊戲這些領域之所以能夠擺脫以廣告為主要的商業模式，不可或缺的原因是收費技術和介面的演進，信用卡、PayPal、應用商店（app stores）等模式讓網上支付變得十分簡便，再不是門檻所在。然而，即使是發展到今天，小額 / 微支付（micro/nano payment），尤其是跨境的場景，依然沒有交易成本足夠低、使用方法足夠簡單的方案，蘋果 App Store 最小收費單位為 0.99 美元正好反映這一點。1 美元在美國是小費，但在很多地方卻已非小額，更遑論是適用於一個網頁、一篇新聞的收費，「402 Payment Required」幾十年來幾乎從未被使用，就可略見一二。區塊鏈和加密貨幣的出現讓業界看到曙光，一些通證如 Basic Attention Token（基

本注意力代幣）、LikeCoin（讚賞幣）更特別針對內容交易而設計，
但礙於區塊鏈現階段的用戶體驗與效率，加上政府與銀行業對區塊鏈
的戒心與打壓，距離大規模商用，還有一段路要走。

廣告盈利扭曲創作產業

　　雖然微支付是個瓶頸，但技術問題早晚能夠解決，監管也可望逐
漸明朗，真正最關鍵是，假如有更簡便的支付方法，撇開電影、音樂、
遊戲、書本等娛樂或大型製作，其他如新聞、評論、獨立創作、教學
等網上內容，應否收費？

　　製作內容需要成本，而且遠超過讀者感覺到的心力，是網上內容
應該收費的一大理由。有人會認為，既然當下內容生產者可以從旁透
過廣告獲取收入，或者以免費內容積累社交資本，從而接外包、拍廣
告等，也就沒必要堅持對內容直接付費，其實不然。從側面創收，往
往會對創作和新聞造成扭曲，比如說，有意思的內容，不一定能吸引
廣告商，反過來，譁眾取寵的內容特別吸引眼球，能產生更多的廣告
收益；以廣告創收，代表獎賞機制從製作優質內容，變成引流內容，
差之毫釐，有時會謬之千里。其次，接外包、拍廣告等雖然能夠為創
作者帶來收入，但唯有當收入直接來自作品，才能讓創作者把最多的

心力集中到作品本身，而非案子和廣告商。

　　反對網上內容收費的其中一個原因，跟天動說作為直觀的「常識」類似：由於數位內容可以免費複製，感覺上作者不應額外對讀者收費，甚至就算是盜版，內容持有者並不會因此失去內容，直觀上不會覺得偷了別人的財產，感覺良好。個人就認識不少有學識有財富的朋友，嚴守社會規範，但就視盜版如無物，正因為概念停留在物理世界，直觀不感覺有違道德。

開放授權案例：共享創意

　　不過，主張網上內容免費，不見得就是出於自利，有一批一直主張開放、免費的人，出發點正好相反，是為了社會。互聯網的初衷本來就是開放和去中心化，只是發展下來變成寡頭壟斷，像個「封閉花園」的 Facebook、刻意不支持超鏈接的 Instagram[28] 等，大行其道。內容免費、生態開放，最能達至資訊和知識的流通，打破過往有錢才可有書讀的必然，這又是另一個現在看來理所當然，實際上是經過很多人的努力，難能可貴的成果。允許作者對作品保留部分權利，如標

---

28)　企業帳號或有 10,000 以上追蹤時可在 Stories 解鎖此功能。

明出處，然後開放作品任供使用的共享創意，正是針對這方面努力的
運動。2010 年，共享創意的活躍份子、RSS 的倡議者斯沃茨（Aaron
Swartz）使用麻省理工學院（MIT）的帳號下載大量學術期刊資料庫
JSTOR 的論文並打算放到 BitTorrent，正是基於知識應該免費流通的
信念；其後他被 MIT 拘捕及聯邦檢察官咬著不放而輕生，是公民社
會爭取訊息自由開放路上最讓人傷感的一頁。

讀者小額支持　夠養活創作人

　　我一方面努力讓內容生產者獲得回報，一方面也是共享創意的長
期支持者，表面看來矛盾，常在主張開放時被誤解傷害創作者飯碗，
推動收費技術時被誤解有違開放理念。事實上，開放與收費並不必然
對立，反而可以互相促進。所有內容免費開放對受眾固然是好事，但
這就等於說沒有政府或機構埋單的內容就難以出現。反過來，假如製
作開放內容的創作者能夠獲取收入，也就能投放更多資源和時間，生
產更多優質內容。

　　認命全面擁抱廣告模式，抱怨讀者不付費，或是「反地心吸力」
鎖起內容，都不理想；我相信最好的內容流通模式，是開放提供內容，
而同時允許讀者簡便地小額支持，各盡所能，各取所需。這模式貌似

很被動很「佛系」，但即使願意爲內容埋單的網民只有百分之一，已經是個非常龐大的數字，我自己就經常希望爲優質內容付出一點，卻苦無方法。小額支付生態最爲成熟的微信，便實實在在證明了只要足夠簡便，願意小額支持的讀者其實很多，足以養活一批優秀的創作者。

作爲半個技術人半個創作者，與其埋怨免費文化和付費牆生態，我寧可盡力把微支付做到最爲簡便，把是否開放、付費與否的選擇權，留給作者和讀者。

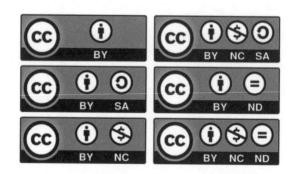

共享創意的 6 類核心授權條款
BY：署名；NC：非商業性使用；ND：禁止演繹；SA：相同方式共享
資料來源：progressor

4.2 後真相時代

台港兩邊走的日子，跟人聊天總是讓我比較「兩岸」。港人說台灣的小吃「很讚」，台灣人說香港的小吃「超棒」；港人喜歡台灣的書店大，台灣人羨慕香港的書店多；港人說台灣人買內容很豪爽，台灣人說港人更願意花錢買內容。

不過就是距離創造美，兩地都很好，而兩地也都存在各種問題，有待我們去解決。其中一個兩地均存在的社會問題是假訊息，硬要比較誰更嚴重的話，我只能用伯仲之間來形容。

「假新聞」

台港兩地充斥不實訊息，由來已久。台灣是每逢選舉特別明顯，香港則是在反《逃犯條例》修訂運動期間，資訊戰達到前所未有的高峰，兩地社會對此更為關注，「假新聞」和「fact check」（事實查核）成為民間熱話。

但真正專業的媒體反而很少用「假新聞」這個說法，也不會在內容前加上「fact checked」（事實已查核）。當我們說「假新聞」，潛

台詞自然是有「真新聞」，但「真新聞」跟「真錢」差不多，都是個不對應任何實物的概念。新聞總會牽涉議題設定、切入角度以及價值觀，「2+2=4」是事實不是新聞，「政府不讓人說『2+2=4』」才是新聞。這則新聞的其他報導手法還有「高官指根據研究所得，西方概念『2+2=4』不適用於本地」，或者乾脆不作報導；只要高官的確講過這句話，搬字過紙報導自然說不上「假新聞」，全不報導就更是沒有新聞，但兩者是否符合媒體的專業操守，可就另當別論。至於不會加上「fact checked」也不難理解，專業新聞報導的訊息來源本來就該查核，煞有介事說一條新聞「fact checked」，豈不意味其餘都是未經證實的傳聞。

還有一個媒體產業不太使用「假新聞」一詞的原因是，說得最多「fake news」的，是專門攻擊不利自己新聞的美國總統特朗普，《紐約時報》在他口中是「fake newspaper」（假報紙）；他甚至開設了 Fake News Awards（假新聞獎）頒發獎項給一些立場相左而有錯處的報導，當中很多僅為技術性錯誤。我城領導人雖然經常跟特朗普打對台，這方面卻也盡得其精粹，甚至憑藉「香港的真相」，青出於藍。

在這個背景下，專業媒體幾乎把「fake news」視為「敏感詞」，而使用「假訊息」，或者以更加嚴謹的錯誤訊息（misinformation）、

惡意訊息（malinformation）、虛假訊息（disinformation）取代之。錯誤訊息指內容有錯，但沒有惡意，比如 2019 年 7 月 14 日沙田區反《逃犯條例》修訂遊行，警方錯報新城市廣場衝突中有人以鉗剪斷警員手指，多家傳媒引述；惡意訊息指訊息屬實，但屬不當公開隱私等，比如發放香港警察家屬的個人資料；最後虛假訊息可理解爲兩者的重疊，錯誤而帶惡意，企圖誤導公衆，煽動仇恨，比如 2019 年，始於中央政法委微信官方帳號圖文並茂報導「死士招募令」、「香港暴徒的酬勞曝光：『殺警』最高給 2000 萬！」被廣泛轉載，其後被台灣事實查核中心證實爲虛假訊息 [29]。

顯然，錯誤、惡意、虛假訊息三者都有問題，但禍害程度不一，而社會首要打擊的是虛假訊息，尤其是選舉期間。

事實查核兩面不討好

台灣方面，關注事實查核的組織除以上提到的台灣事實查核中心外，還有《Cofacts 眞的假的》、《MyGoPen》、《蘭姆酒吐司》，

---

29)　〈【錯誤】網站文章指稱：「香港暴徒的酬勞曝光：『殺警』最高給 2000 萬！」?〉，台灣事實查核中心（2019），擷取自 https://tfc-taiwan.org.tw/articles/1248，檢閱時間：2020 年 6 月 9 日

香港則有《事實查核實驗室》、《求驗傳媒》、《傳真社》[30] 和著力媒體素養的《火星媒體》等。至於國際上，歷史最悠久和最廣泛獲認可的是國際事實查核聯盟（International Fact-Checking Network，IFCN），其認證是 Facebook 指定事實查核機構的基本要求，因此 Facebook 在台灣指定的查核組織為暫時唯一獲得 IFCN 認證的台灣事實查核中心，而香港由於還沒有本地組織獲得認證，Facebook 在 2019 年資訊戰愈演愈烈之際，指定法新社開始擔當港區事實查核工作。

台灣事實查核中心成立於 2018 年，初期資源非常貧乏，開始受到廣泛關注，始於當年 9 月有關日本關西機場因颱風「燕子」重創而關閉後，一篇「中國優先派巴士前往關西機場營救受困之中國旅客」的報導。當時大陸有報導指中國派出專車到機場接載滯留的中國旅客，並跟台灣旅客說只要覺得自己是中國人就可以上車「跟著祖國走」，台灣有媒體按著報導，如此「多汁」，不用專業編輯都知道必有迴響，事件更間接釀成時任台灣駐日本大阪經濟文化辦事處處長蘇啟誠輕生的悲劇。然而中心整理中日台各方資料，直接聯繫關西機場訪問了解後，證實所有巴士都是由關西機場派出，並不存在所謂中國

---

30) 已於 2022 年 6 月停止運作。

特派專車[31]。調查刊出後，有人恍然大悟，但也有人指摘該調查才是「假新聞」，旨在維護台灣政府的不作爲云云。

　　香港也有類似的例子，雖然還沒有 IFCN 認證組織，卻不代表沒有專業的查核工作。8.31 太子站事件傳言「打死人」，其後多次有市民去拜祭，《傳眞社》花上三個月調查，找出包括六名謠傳死亡的被捕人士共 47 人，逐一訪談並重組事件，雖然始終沒法還原所有細節和證明事件中沒人死亡，但也釐清了不少謠言。調查報告於 2019 年 12 月刊出，隨卽被《大公報》轉載，也引來部分市民不爽，認爲有幫助政府之嫌。

　　事實查核就是這樣，旣專業又兩面不討好，抽絲剝繭，戳破政權的謊言，也釐清民間的謠傳。事實上，IFCN 認證的條件除了專業的查證手法，更基本的是機構不得由政府主導。這條件理所當然，第四權的任務就是監察政府，只是體制經常大發「媒體不唱好政府」、「發放正能量」等謬論。亞洲地區當中，日本、韓國、台灣、印尼、菲律賓以至印度都有 IFCN 認證的事實查核組織，發達的香港、中國和新加坡則沒有，含蓄地給予港人努力方向的啟示。

---

31)　〈【錯誤】媒體報道：日本關西機場因燕子颱風重創而關閉後，中國優先派巴士前往關西機場營救受困之中國旅客?〉，台灣事實查核中心（2019）。擷取自 https://tfc-taiwan.org.tw/articles/150，檢閱時間：2020 年 6 月 9 日。

謠言不止於智者

假訊息問題嚴重，遠因是人性。在我們咬文嚼字怎樣描述和分類的幾千年前，不實訊息早就存在，名叫「謠言」。民間智慧「好事不出門，醜事傳千里」，近年得到科學證實，一項 2018 年 MIT 發表的研究，基於六家事實查核機構的結果，比較 Twitter 上真假訊息的傳播程度，結果假消息傳播速度與廣度都遠超真實訊息：「Lies spread faster than the truth」（謠言比真相傳播得更快）[32]。

這既是傳統智慧，也是絕望真相：警員被鉗斷手指的錯誤訊息傳出時被瘋狂轉發，修正消息時沒人在乎，真相原來毫不重要。就如 2002 年諾貝爾經濟學獎得主康納曼（Daniel Kahneman）在《快思慢想》（*Thinking, Fast and Slow*）再三指出，人類很少費勁使用「系統二」（System 2）作理性判斷，大部分情況反射使用「系統一」（System 1）的直覺，很容易相信跟自己立場相近的訊息，只要立場清晰而講得出口，多假的謊言都有人相信，像我這種下午茶時間被迫收看記者招待會的人，對此深有體會。莫說很多謊言難以被徹底破解，即使真的被戳破，最要命的是受眾並不在乎，造謠者也從來沒有後果，甚至繼續享用謊言帶來的優勢，這是立場先行的「後真相時代」

---

32) Vosoughi, S., Roy, D., & Aral, S. (2018), The spread of true and false news online. Science, 359(6380). 擷取自 https://science.sciencemag.org/content/359/6380/1146，檢閱時間：2020 年 6 月 9 日。

最可怕之處。

　　假訊息氾濫的近因，顯然是科技發達。除了修改文字，製圖、改圖等門檻都大為降低，甚至連過往只出現於科幻電影的情節，子虛烏有以人工智能製作的深偽（deep fake）影片，現時都能由個人電腦搞定。看到奧巴馬說要移民香港，請勿輕易當真。「有圖有真相」的年代不復存在，現在已經發展到有片都不一定有真相。

新聞資料「上鏈」　增可信度

　　任何強大的工具都可用於為善與作惡，科技也不例外。區塊鏈作為「信任機器」，自然擔當重要角色。《紐約時報》看上這一點，聯手科技巨企 IBM 推出新聞源頭專案（The News Provenance Project）的概念證明，把新聞圖片的元資料（metadata）如拍攝時間、位置等寫入區塊鏈，並於顯示介面加入元資料，提高照片源頭的可信性，同時也拉高改圖轉發的取信難度。

　　然而，把假訊息的責任都歸咎於科技，就如當有砍人案時責怪菜刀般荒謬；況且科技除了是製作假訊息的利器，也可充當凸顯假訊息的放大鏡。我們覺得過往沒有那麼多假訊息，很大程度上是以往個人

沒方法高效發放訊息，也沒有渠道接觸到多方面訊息，更遑論擁有資源和條件去質疑電視台與報章雜誌，於是報導都顯得像真理。如果有一天我們唯一看到的是新聞聯播，大概也不會有假訊息的煩惱，只會感覺嗨嗨的。

即使事實查核機構多努力、區塊鏈技術多發達、公眾媒體素養有多高，假訊息問題永遠沒法徹底解決。然而，即使每天流言滿天飛，群眾日日爭論真偽，這個多元社會無論如何都勝過由「真理部」替全民仲裁的「烏托邦」。

4.3 同溫層

　　有次跟好友聊到同溫層，他們問那是什麼。我說，對我而言同溫層是每天想著怎麼解決的社會問題，對你們來說是個前所未聞的概念，我們活在同一個世界，我們也活在不同的世界，這，就是同溫層。

演算法讓每人接收訊息不一

　　物以類聚，人以群分，志同道合的人走在一起理所當然，本是好事，但同溫層可不是物以類聚而已，還是不再接觸異類，不再跟外界互動，甚至不再覺察到其他意識形態的存在。

　　同溫層的形成跟資訊科技、尤其社交媒體密不可分。在互聯網盛行前的年代，接收資訊來來去去就是小量報章雜誌和一兩個電台電視台，即使大家志趣不同，立場相左，資訊的來源都一定有所重疊。八十年代張國榮的死忠，必然聽過譚詠麟，電台可沒得選「跳過」，大家激烈爭辯誰是真正巨星而拗得面紅耳赤，不像現在你聽你的我聽我的，別說是你偶像的歌，我連你偶像的名字、甚至音樂類型都沒聽過，哪有什麼爭論可言。

互聯網帶來資訊發佈民主化，也帶來了資訊爆炸，萬維網發明後快速普及，接收渠道越來越多元，大眾開始流行以 RSS 訂閱新聞、部落格和其他網站，接收更新。2004 年 Facebook 成立，資訊來源逐步從專業媒體轉移至「朋友」，初時是把物理世界的朋友關係搬到數位世界，後來也直接在數位世界交朋友，再後來根本分不清了，尤其 2019 年後紛紛修改名字躲避「起底」後，我更是一頭霧水。

初期 Facebook 承襲部落格，強調像個人空間的塗鴉牆（wall），現在已經沒什麼用途，大多數人絕大部分時間會流連晚於 wall 推出、把所有人和專頁更新共冶一爐、類比 RSS 訂閱的動態消息（feed）。然而，相對於 RSS 由個人主導資訊來源、閱讀順序和展開與否，Facebook 漸漸對 feed 毛手毛腳，到後來甚至乾脆不讓用戶明確設定。你追蹤的，不一定看到；廣告，一定看到。你認為重要的，不一定看到；他說對你重要的，一定看到。總之就是演算法說了算，feed 變成 spoon-feed（用湯匙餵嬰兒）。

演算法的背後是人工智能（artificial intelligence），再背後則是機器學習（machine learning）。不同於由區塊鏈和傳統軟件由「建築師」設計明確邏輯，機器學習歸納的判斷並不透明，得出的結果往往人類沒法解釋，越是深度的機器學習，越有這種現象，比如戰勝全

球圍棋高手的 AlphaGo（阿爾法圍棋），一些下子決定，頂尖棋手都沒法理解。

但大部分人覺得，Facebook 幫我挑得很好啊，都是我關心的東西——其實當你的生活只有 Facebook，又怎麼可能知道自己錯過了什麼。的確，Facebook 既有頂尖的工程師又有頂尖的心理學家，「以人為本」地為你挑選和排序，演算出非常適合你口味的 feed，是很厲害的人工智能。在手機還只是手機的年代，諾基亞有句著名的廣告語「科技以人為本」（Connecting People），後來諾基亞沒落，真正 connecting people 的換上 Facebook。「以人為本」說出來像金科玉律，反過來，罵人不夠以人為本彷彿罪大惡極，但是我們很少意識到，人有惰性和其他陰暗面，不見得通通都應該滿足。而且個人是群體的一部分，極端強調個人興趣與價值觀，不斷送上喜愛而中聽的貼文，的確會讓人很舒適，感覺很嗨，但代價就是把人困在舒適圈，再也看不到異類與異見，回音谷（echo chamber）出現，同溫層煉成。

這裡說的單單是 Facebook，問題已經如此嚴重，何況還有微信、WhatsApp、LINE 等各種互不重疊的生態，裡面再有數以億計的私人群組，每天分享著數以百億計的訊息。不同的人每天接觸到的訊息不一，交疊可以是零，從而產生的世界觀自然也一樣毫無交疊。

物 以 類 聚 是 connecting people， 同 溫 層 卻 是 disconnecting people。

KOL 持續發假訊息才是「理性」

同樣隨著「以人爲本」而來的還有意見領袖（key opinion leader，KOL）。準確點說，意見領袖在社交媒體大行其道前就存在，在學術界是不同學科的翹楚、社會上是不同領域的佼佼者、討論區內是個別議題的達人──是的，討論區並非「以人爲本」而是「議題爲本」，也因此，比如關注政治的，在論壇中可能會看到「左右紅藍綠」，意見注定不如泡 Facebook 般中聽。

相對於以往意見領袖講求的是在特定範疇的深刻認識，到了社交媒體年代，還得加上對演算法的深入掌握；分析重要，「病毒效應」更重要。現在的意見領袖，清楚讓貼文廣泛傳播的技巧，圖片是正方還是長方、文案是長句還是短語、發佈時間是正午還是凌晨，通通大有學問，既要使用挑動喜怒的筆觸，又要捕捉所有流量契機，事事評論。意見領袖遇上社交媒體表面上如魚得水，粉絲越來越多，影響力越來越大，另方面往往反過來被演算法脅持，投其所好，本末倒置，追著觸及率（reach）疲於奔命，迷失自我。

要命的是，透過演算法如虎添翼的除了意見領袖，還有假訊息。在後真相時代，多假的訊息都有人相信，不但如此，同溫層還幫忙找出更多相信的人。與此同時，即使有人指出謬誤，甚至專業事實查核機構查證，糾正訊息都不見得能到達同一群人，莫說意見領袖很多時不願更正，就算意見領袖比較有承擔，演算法都會讓糾正訊息的觸及率遠遠低於假訊息。當假訊息的「回報率」遠高於其「成本」，持續發放假訊息才是「理性」選擇，這是同溫層的荒謬。

同溫層當道，群眾沒有交疊，社會沒有共同認知，異見沒有互動，公共討論難於登天，不但沒法求同，甚至難以存異，意見相反的，最溫和的演繹是話不投機半句多。在這個社會背景下，反《逃犯條例》修訂運動期間，體制還進一步加入文革元素，鼓勵批鬥與舉報，透過商業利益迫使各個產業革除異己，失望、憤怒、自我保護、為勢所逼等種種因素，造成文化大革命以來最大的割席潮，2019 遂成為割席年。

見假打假

同溫層疊加假訊息造成嚴峻的社會問題，然而科技的發展，遠比科技道德倫理發展要快；媒體的演化，也遠比媒體素養的教育迅速。

大眾媒體作為第四權的社會承擔，來到社交媒體和自媒體表現得水土不服，過往編輯和記者擔當議題設定的角色，推動重要但還沒進入公眾討論的議題，以向讀者展示一個更廣闊的世界為己任，跟當下「眼球主導」的演算法推出意見領袖，讓用戶沉浸在舒適圈的範式也明顯有衝突。

隨著「劍橋分析」和其他事件，西方國家越來越意識到問題，給予社交網絡壓力，責無旁貸的平台近年開始有所反應。其中，Facebook 在各國跟 IFCN 認證的事實查核機關合作，提供後台管理系統與一定資源支持，查證用戶檢舉的疑似假訊息，如被認定為失實，會大幅降低其觸及率，而且即使用戶看到，訊息都會標注為「失實」並附上查核報告鏈接。該措施無疑值得肯定，接下來理應更進一步，讓用戶介面和演算法給予查核機關更大支持，對沖同溫層效應。

至於台港不算流行但國際間舉足輕重的 Twitter，則強調「do things at scale」（有規模地做事），不查核訊息本身而從分析行為入手去打擊「inauthentic malicious behavior」（不實且惡意的行為），不實、惡意兩個元素相加，正是虛假訊息的定義。透過深度學習帳號貼文行為，Twitter 學會判斷一批批帳號屬於真實的個人行為還是虛假的機器人帳號，並以此方法於 2019 年 8 月批量查封廿多萬個來自

中國、針對香港示威發放虛假訊息的帳號，並公開所有相關資料予公眾作進一步分析。幾天之後，Facebook 亦封鎖了幾個來自中國的專頁並公布。

相對假訊息的龐大數量，事實查核的人力物力杯水車薪，《Cofacts 真的假的》因此想到借助社群力量。Cofacts 主要針對台灣最流行的即時通訊軟件 LINE，開發出聊天機器人，讓人在看到懷疑不實訊息時提交到後台讓社群核實。從瀏覽數據、查核結果到代碼，Cofacts 全面開放，因此產生了一些合作應用如美玉姨聊天機器人——每（美）當遇（玉）到可疑訊息時參考美玉姨的意見。

人本智能　vs　人工智能

除了被動地見招拆招、見假打假，從同溫層的根源入手是更基進（radical）的思路。人工智能無可置疑提升生產力和使生活更便捷，然而，社會需要同時意識到其可能帶來的禍害，由人工智能主導公眾訊息吸取正是一例。針對機器學習不可解釋的特性，人工智能倫理倡議者主張可解釋人工智能（explainable AI，XAI），務求確保其結果符合倫理標準，且能化為人類的智慧。部分相關倡議在先進國家已經納入法律，比如歐盟 2018 年生效的《一般資料保護規範》（General

Data Protection Regulation，簡稱 GDPR）就保障用戶獲取算法解釋的權利，不過條文在人工智能領域如何落實，還有大量細節有待商討。

基於類似的考慮，相對於 artificial intelligence（人工智能），社會應更加強調 assistive intelligence（人本智能），在自動化之餘保留人類專業判斷，尤其是關鍵決策，該由電腦提出建議，解釋利弊，再由用家自行作出決策。同樣是 AI，artificial intelligence 強調取代人，assistive intelligence 則強調協助人，為人類充權。

回到社交網絡的語境，所謂人工智能解釋權，就是用戶有權知道某則貼文出現在內容列表某位置的原因，比如是因為選擇了優先、或是用戶跟作者有大量互動，還是有人投放廣告。當平台的演算法主導用戶的訊息接收，公眾不能再接受曲解的「技術中立論」，尤其演算法實際上受到廣告商、合作方如劍橋分析以至政府等干預，所謂技術中立根本從不存在。

同溫層的另一隱性根源是廣告模式，廣告模式造就了流量至上，流量至上增加了譁眾取寵甚至假訊息的誘因；廣告模式也讓創作與報導從服務讀者變成服務廣告商，新冠肺炎期間，媒體網站流量暴升，

廣告收入反而下跌，清楚地說明網站表面上提供內容予讀者，但眞正老闆是廣告商。廣告業是極大規模的生意，養活谷歌、Facebook 以及千千萬萬的企業，要取代既不可能也無必要，然而社會至少應該尋找其他可能性，讓媒體有所選擇。這方面，近年日漸成熟的訂閱和捐助模式，總算讓部分媒體以至意見領袖減少對廣告的依賴。

區塊鏈社交媒體

除了訂閱制，也有好些區塊鏈項目嘗試開發全新社交網絡，比如始於 2016 年的 Steemit 和主打「Take back control of your social media」（取回社交媒體的掌控權）的 Minds，都是企圖以通證經濟重塑演算法分發社交資本的模式。然而社交媒體最講求網絡效應，就連以前功能強大的 Google Plus，缺了人氣也完全沒法跟 Facebook 競爭，Steemit 和規模更小的 Minds 暫時未能改變社交生態。

最有實力去改變生態的區塊鏈社交媒體要算執筆時尙未推出的 Voice，背後的公司爲坐擁柚子幣（EOS）、其 ICO 融得 40 億美元的 block.one，單是 voice.com 域名據說就花了 3,000 萬美元。首頁大字「Where truth has a voice.」（這裡，眞相有聲），這個新的社交媒體稱將使用區塊鏈儲存內容，再以其上的 voice 通證回饋獲得好評的貼

文，而 voice 通證又能用來推高貼文排位，形成循環。block.one 2019年以 2,400 萬美元擺平跟美國證監會關於 EOS ICO 的官司後，這次 Voice 似乎會比較配合各國法規，要求用戶核實身分，一方面證實為真人，另方面符合有資金流動時的「KYC」（know your customer，知道你的客戶）監管需求，還保留刪除用戶訊息的權力。這些中央化的處理手法是否能跟區塊鏈去中心的精神並存，總體又是否能減低同溫層效應和假訊息傳播，有待 Voice 於美國獨立日（2020 年 7 月 4 日）推出後進一步觀察 [33]。

2019「亞洲事實查核專業論壇」在台大舉行，場地不大，出席者大概不到一百。Twitter 講者提到一項原則，相信是所有與會者的共識：我們不希望任何人或者機構成為真理的仲裁者。

---

33) 2024 年 6 月，voice.com 網站首頁已沒有 Where truth has a voice 的標語。該項目亦稱其目標為「利用 NFT 使數碼藝術變得可收藏」，而非建立社交媒體。

4.4 LikeCoin：改變創作生態 [34]

越來越多人參與甚至發起衆籌，預購一個概念，成就一款產品。而 ICO，雖然臭名遠播，但用得其所，其本質就是更基礎的衆籌；預購通證，讓發起團隊開發一套協議，建立一個生態，爲的是解決一場公地悲劇。

LikeCoin 就是以這種模式誕生，開發針對內容生態的區塊鏈，用作讚賞、溯源和分發的協議，使用 LikeCoin 通證。生態現有 1,000 多個網站。[35]

FB 按讚 = 餵 AI 吃數據

2007 年，初創 FriendFeed 推出 Like button（讚按鈕），在官方部落格介紹爲「an ultra-quick way to share their appreciation」（一個分享讚美的極速方法）。Like button 非常成功，引來 Facebook 於 2009 年抄襲，然後再於同年收購 FriendFeed。發明者是否值得紀念

---

34) 本文描述 LikeCoin 於 2020 年中的狀況。LikeCoin 於 2021 年 12 月 10 日正式註銷基金會，以 DAO 形式繼續發展，推出分散式出版，致力讓內容永續流存。

35) 截止 2024 年 6 月 16 日，LikeCoin 生態共有 104,183 位用戶，當中 20,508 位爲作者，獲得 58,970,343 LIKE 回饋。此外，LikeCoin 鏈載有 2,219,495 份作品的元資料，其中 25,798 份鑄造成非同質化通證。

見仁見智，但 Like button 由 Facebook 發揚光大毫無懸念，大部分人對 Like button 的印象都是來自 Facebook。到了 2016 年，Facebook 在 Like button 加入 Love（愛）、Angry（憤怒）等表情並沿用至今，但最多人用的，始終是 Like。

Like button 的空前成功，使「按讚」成為指定動作和流行文化，也使得追逐按讚數成為社群的目標：按讚是 Facebook 社群的核心價值。我們得到按讚、感覺良好，很少思考按讚的實際意義並非以行動支持作者，而是餵飼數據給強大的人工智能，其實，按讚等於跟人工智能說：「請多給我看跟這個貼文相關的廣告吧！」

按讚文化培養了十幾年，但讚賞這行為本身則千年以上，《北齊書·元文遙傳》就有「諸賢皆讚賞之」一說。中文很巧妙，簡單如「讚賞」一詞，組成的「讚」和「賞」還可以細分成兩個意思，前者是表達一份認同，後者更有行動支持之意。我們老說按讚，因為 Facebook 確實只有前半部分——即使得到百萬千萬個「讚」的頂尖作者，也從沒從 Facebook 身上得到「賞」。

化讚為賞：讀者按讚、作者獲賞

　　沿著這條思路，在創作和報導越來越不受重視的網絡環境下，我和幾位志同道合的夥伴於 2017 年著手設計讚賞幣 LikeCoin，以通證承載創作價值，嘗試突破內容只能透過做大流量再從周邊賺錢的困局，同時處理內容溯源和分發，應對新聞審查、假訊息氾濫以至同溫層等深層次社會問題。

　　LikeCoin 是一套技術基礎建設，組成的元素除了通證，還有背後的區塊鏈、協議、接入用的應用程式介面（API），和唯一用戶介面 LikeCoin button（讚賞鍵）。一般創作者和讀者不必理解背後的技術，只需一如以往在報章和部落格等平台發表和閱讀，遇到喜歡的內容，「拍手」一至五次即可讚賞。LikeCoin button 的理念非常簡單：化讚為賞；相對於一般社交網絡以「讚」餵飼人工智能，LikeCoin 生態中每個按讚都是微支付，「讚」「賞」重新走在一起。

　　從區塊鏈的語境，創作有價是內容愛好者共同體的核心價值，讚賞幣作為反映這份價值的通證，需要一個共識機制去證明價值的產生，而 LikeCoin 定義的機制就是讀者按讚。沿用區塊鏈術語的話，

這套共識機制可以稱爲「創造力證明」（Proof of Creativity）[36]，寫作則可以理解爲「創造力挖礦」：因爲付出創意，產生價值，所以獲得通證。

創作和報導所得的 LikeCoin 有兩個來源，首先是讚賞公民。讚賞公民好比內容愛好者共同體的繳稅人口，每月贊助五美元支持創作，月費會全數從公開市場買進 LikeCoin，再依照按讚自動分配給相應作品。比如說讚賞公民 Alice 付的五美元買入 1,000 LikeCoin，而當月 Alice 對 200 篇文章各按讚五次，每篇文章獲得 5 LikeCoin，一分鐘到帳。LikeCoin button 就像個人助理，依照 Alice 毫不費勁的指示，把預算分配妥當。

很多創作者習慣抱怨讀者不願付費支持，或者一口咬定西方才有付費文化，我不敢苟同；至少，在科技業提供最好用的介面、能以最低的交易成本去解決微支付的困局之前，我不願意把責任推到讀者身上。LikeCoin button 就是從這個理念出發，先讓讀者撥出五美元每月預算，確保不會超支，然後忘卻支付而專注閱讀，遇上喜歡的內容就如慣常一樣拍手按讚，預算就自動分配到按讚作品。

---

36) LikeCoin Foundation Limited. (2018), LikeCoin: Reinventing the Like. 擷取自 https://like.co/in/likecoin-whitepaper-en.pdf，檢閱時間：2020 年 6 月 9 日

　　支付內容的交易成本可分幾種，第一種，支付系統的手續費，由於 LikeCoin 區塊鏈的權益證明機制而壓到極低，適合用於微支付。其次，點擊距離，當購買內容前需要大量點擊和輸入資料代表距離遠，反之像 Apple Pay 般就是近在指尖。最後是心理會計屏障（mental accounting barrier），即判斷是否交易所花的思考工夫。LikeCoin button 的設計，除了把支付手續費壓至最低，也讓讀者只需依平日習慣的按讚即可自動微支付，「讚」即是「賞」（Like = Reward），將點擊距離降至零，也免去任何思考，徹底拆除心理會計屏障。

　　作品獲得按讚所得的 LikeCoin 收入，另一個來源爲配對基金。每當社群內有讚賞公民贊助五美元，系統除了從市場買入等值的 LikeCoin，還會額外鑄造出同等數量的新 LikeCoin 作配對，前者全數依據讚賞公民本人的按讚即時微支付，後者則參考社群全體的按讚，每天分配給獲讚作品。配對基金好比政府支持創意的 CreateHK 資助，但相對於提交申請書、處理幾個月然後由行政機關審批，配對基金把評審權去中心化，讓共同體所有「Liker」以按讚投票，系統每天點票並於次日發出資助。

版權標識：鼓勵開放、保障原創

比起產生收入，創作更原始的出發點是分享，大部分作者在乎作品被引用時有否標明出處，即新聞業所謂的「byline」（作者署名）。即使共享創意強調分享精神和資訊可及，基本要求也是 CC-BY，即允許轉載和衍生，但必須標明作者。然而即使是這個基本要求，在互聯網上實現起來也困難重重。

資訊數位化雖然已經幾十年，但對比物理世界百萬年建立下來的概念還是非常短暫，很多人會覺得「拿」數位內容只是複製而不是取走，把「拿得到」內容等同「可以拿」。我雖然是開放自由的死硬派，但更高的原則是創作者有權決定作品授權方式，包括國際協議預設的「保留一切權利」（© All rights reserved）或者我倡議的共享創意授權，CC。

就如物理世界的無人店，技術上拿得到內容不代表倫理上可以拿。反過來，數位版權管理技術（digital rights management，DRM）企圖用技術手段阻止存取，以技術上拿不到體現倫理上不能拿，同樣問題多多，投入大量資源，除了如電影等大型作品，應用起來更是不切實際，成本遠超效益。DRM 堵截不了破解，卻窒礙資訊流通，還對合法用戶造成諸多不便，比如必須使用特定裝置播放，增加硬體購

買成本之餘，還爲本是永恒的內容加上「賞味期限」。

DRM 假定創作人想鎖而讀者想偷，被動而消極，相對而言，讓作者清晰標注授權方式，同時讀者得以簡單查閱，才是主動而積極的進路。對此，LikeCoin 跟產業聯手制訂出 ISCN（International Standard Content Number，國際標準內容號碼）標準，相對於 ISBN（國際標準書號）爲每本書分配唯一碼，ISCN 配合現代內容傳播方式，爲更小單位的每篇文章、每張照片分配唯一碼，再附帶一連串比如作者、日期、地址、授權方式、內容指紋等元資料，一併寫在區塊鏈。相對於物理世界大費周章註冊版權或申領 ISBN，以 ISCN 標識作品授權只需幾秒鐘和花費小量 LikeCoin。

內容指紋的技術名詞爲雜湊（hash），是一種數學函數，特性就像指紋，一個人必然產生唯一的指紋，但拿著一個指紋不能倒推出主人，只能透過逐一比對找出。比如 Alice 寫了一份劇本，不想公開但要標識版權，在 ISCN 可以只放內容指紋而不提供內容地址，萬一劇本被 Bob 盜取，Alice 在較早前生成的 ISCN 可以作爲有力證據，因爲有內容才能生成對應的指紋，而區塊鏈上的元資料不可竄改，等於全世界見證 Alice 劇本的元資料。這個原理跟《紐約時報》和 IBM 聯手開發的新聞源頭專案近似，除了阻嚇盜版，也能幫助查證以偽圖改

圖所製作的假訊息。

　　然而，跟 DRM 不同，ISCN 雖然可在訴訟時有力舉證，但並非用作防盜，正如書本有 ISBN，跟讀者可否複印毫無關係。網上內容盜竊問題固然嚴重，但有一部分根本是為封閉系統所逼，以我本人為例，即使想要尊重創作，引用圖片前往往找半天都搞不清出處和授權方式；反過來，也是作者的我想要開放作品授權以方便大眾，傳播知識，在很多平台卻根本沒法標注 CC 授權，被逼預設為保留一切權利。廣受歡迎的 Instagram 就是封閉的「佼佼者」，不但不讓用戶開放照片授權，甚至不支持超鏈結這個互聯網的最基本元素。每日貼到 Instagram 的照片和短片超過一億，試想像，即使 1% 用戶選擇開放作品授權，對內容創作、新聞報導都是一個龐大的素材庫，偏偏 Facebook 與互聯網的開放精神背道而馳，把用戶死死困在「封閉花園」。作者沒有選擇，內容分享缺乏合法合理的生態，讀者要偷內容可輕而易舉截圖，這就是「封閉花園」的荒謬。

　　ISCN 的核心是透過版權索引，製造共識，促進協作。當足夠多的作品清楚標識版權且能輕易搜尋，就能衍生出更多、更深刻的二次創作。很多人把二創等同於改圖改歌做迷因，覺得事不關己，但其實替文章加上封面圖、在簡報加入照片、在內文引述其他文章，通通都

是二創和協作，百分百原創作品反而是少數。比單一作品版權標識更進一步，當二創作品在區塊鏈以 ISCN 標識版權時，會同時記錄內容衍生足跡，配合 LikeCoin 化讚為賞機制，所得收入將來甚至能往上分配至作品素材，從回報機制入手鼓勵開放。

化讚為賞加上版權標識，從根本入手，改變當下開放代表免費、要收入就得封閉，這種鼓勵封閉、懲罰開放的回報機制。

內容伯樂：分享創作可獲回饋

除了假訊息和盜版，創作者和新聞工作者恨之入骨的還有「內容農場」。話雖如此，內容農場在產業中卻沒有明確定義，一般理解為大量偷取或抄襲內容的網站，這些網站擅長搜索引擎最佳化（search engine optimization，SEO），熟悉社交媒體演算法，習慣譁眾取寵，產生龐大流量，賺取廣告收入。由於很多內容出處不明，平台又多數不讓創作者標注授權方式，加上引述、改寫和抄襲之間的界線模糊，內容農場的判定往往莫衷一是，嚴謹的會視 YouTube 為內容農場之霸，寬鬆的對「每日頭條」（KKnews）也不甚了了，反正現實是，一般讀者搜到滑到內容就看，鮮有執著新聞源頭或杯葛內容農場的堅持。

　　我固然深信創作有價，反對盜版，但認為除非牽涉虛假訊息，應對內容農場宜軟不宜硬，否則問題解決不好，還會給體制過大酌情權，窒礙訊息傳播，甚至削弱公民權利。而所謂軟措施，最根本的永遠是教育，提高全民媒體素養，培養閱讀品味，鼓勵支持創作，自然弱化內容農場。

　　豁達地看，內容農場有助傳播，讓更多人接觸到內容，如不造假，也有一定價值，讓人排斥的主因是過程中捕獲了所有利益，原作者反而既沒收入也沒得不到認同。LikeCoin 定位基礎建設，嘗試從底層協議入手應對內容農場，沿用化讚為賞機制，LikeCoin button 除了讓讀者拍手讚賞，還會在第六次按讚變成「Super Like」，按 Super Like 代表充當發掘優秀作品的內容伯樂，不但進一步回饋作者，也同時把作品分享出去。不單如此，系統還會記錄內容分發足跡，把每份回饋分成四等份，由作者和多至三層的內容伯樂均分 LikeCoin。

　　習慣社交網站的讀者，一方面追蹤喜歡的作者，另一方面追蹤有品味或專注特定議題的內容伯樂，等同於 RSS 年代的訂閱訊息源，不假手於人工智能演算法，親手挑選有興趣的內容。人工智能代勞篩選內容的起點是訊息太多、時間太少，而 Super Like 設計成「回饋等於分享、分享就要回饋」，是在增加創作者收入之餘，透過提升成本減

少無謂分享，在噪音中提取訊息。

　　LikeCoin 分發協議設定連帶原作者在內四層的分成機制，化干戈為玉帛，把創作者和分發者的矛盾轉化成互惠，為前者提供允許分享和為後者合法分享的誘因，尋求共贏。

　　化讚為賞、版權標識、內容伯樂是 LikeCoin 基建的三大元素，可用於如網絡小說社區、開放圖片庫、公民記者報導平台、知識產權交易所，以及數之不盡，各式各樣圍繞創作和報導的應用，作為讚賞、溯源與分發的底層機制。

　　校稿之際，正值六四週年，也是 31 年來首次沒組織籌辦，沒主權首肯的燭光晚會。然而我相信，理念相同的，自然會以自己的方式悼念，無大台，有共識。放到內容產業的語境，只要底層協議清晰，內容愛好者自會各自演繹，經營平台，尋找適合自己的運作方針和商業模式，而始終維持協作，保有共識，體現共同體的核心價值觀——創作有價。

2018 年 2 月 8 日，首枚 LikeCoin 誕生。

4.5 Matters：創建公共討論空間

　　維多利亞公園舉行的公共活動繁多，教人印象最深的除了每年的六四悼念晚會，要算逢星期日舉行的《城市論壇》[37]。

　　有人嫌《城市論壇》吵吵鬧鬧，很不和諧，然而即便是爭論，「左右紅藍綠」不同意見至少對話起來。多元社會自有各種意見，假如表面上沒有爭論，代表的不是和諧，而是壓迫在公眾看不見的地方發生。人口更多而光譜更闊的互聯網和社交網站，本是最適合公共討論的地方，然而訊息碎片化、反饋回音谷、異見被滅聲等各種問題，造成共同認知的缺乏，公共討論買少見少，遑論達成共識。

文章互聯互通　猶如浩瀚星空

　　定位為「一個自主、永續、有價的創作與公共討論空間」的Matters，目標正是耕耘這片公地。Matters 讓公民記者和獨立作者免費在平台上暢所欲言，作者發表文章、圖片、影片和音頻，讀者回應、評論和讚賞，底層採用 LikeCoin 區塊鏈，用戶註冊 Matters 時自

---

37)　已於 2021 年停辦。

動同時註冊或者綁定原有 Liker ID，整個平台無論作者還是讀者都管有 LikeCoin 錢包，加上文章全部附帶 LikeCoin button，因此所有讀者可以讚賞全部作者的所有作品，化讚為賞，體現創作有價。

Matters 聚集華語世界大量公共知識份子，討論氣氛非常活躍，在不同網站都發佈文章的作者大都覺得，在 Matters 貼文的反應特別好，不單回應比較多，更重要的是比較深入，言之有物。議題也很廣泛，除了社會、科技尤其區塊鏈等熱門類別以外，生活、小說、插畫甚至新詩也有不少。

互聯網之謂互聯網，互相關聯是核心，為了彌補單向超鏈結的不足以及常被忽略的現實，Matters 設計了別出心裁的關聯功能，讓作者把每篇文章關聯到站內相關作品，無論是同一題材、意見類近或相反、帶連貫性等都可以雙向鏈結，完全由作者自行決定。這個看似微小的功能，把本來分離、割裂、零散的文章，聚合成一個個「星群」—— Matters 的商標既像兩顆質子也像兩個星球，網站內也經常以星球代表作品，關聯功能就如萬有引力，把一個個星球貫穿起來。

有一次，Matters 把所有作品和相互關係以點和線表達，視覺化地呈現出大熱作品就像周圍有大量行星的龐大恒星，而當時最大的恒

星是《中國 MeToo 檔案》，完全反映公共討論空間的定位。另外，也有些連載及接龍創作，把一個個星球連接成長條；其餘有若干關聯的星球，則像希臘神話的各個星座，形態各異。遠望整個無大台公共討論空間，儼然像個宇宙。

星際文件系統

　　像宇宙的不單是 Matters 文章的關聯結構而已，還有底層文件系統。事實上，它的名字正是星際文件系統（Inter-planetary File System），一般簡稱為 IPFS。

　　我們熟悉的互聯網，數據傳輸系統使用主從架構，文件存放於伺服器，而客戶端從世界各地來到同一個地方下載。互聯網的基礎線路，類似主幹和小路，我們網速很快，因為台港位處主幹，是少數的網絡樞紐，有很多海底電纜直駁美國、日本等地，能快速從遠方伺服器下載文件。連線速度，或者說「互聯網距離」，跟物理距離沒有必然關係，從香港連線到泰國甚至深圳的伺服器，不一定比連到美國快，純粹視乎兩地之間有否主幹連接，還是得繞大圈經過多段小路才能到達目的地伺服器。

　　IPFS 從根本脫離主從框架，採用點對點分布式架構，跟
BitTorrent 類似。很多人用作下載歌曲、電影或者軟件的 BT，原理是
每個下載點同時幫忙上載給其他下載點，每個人既是客戶端也是伺服
器，組成一個網狀傳輸結構，所以當年盜版電影大行其道之時，政府
聲稱可用發佈盜版電影爲由，控告以 BT 下載盜版電影的用戶。當很
多人需要同時下載某些熱門文件，主從架構會擠塞，龐大文件尤甚；
但點對點系統卻相反，下載的人越多，下載的速度反而越快，因爲每
個人都能從來自四方八面的節點分別下載一小部分，之後在本地重新
組合，不對線路造成壓力。第一反應這仿似神奇，但撇開互聯網的常
識其實很直觀，若你想把消息通知全世界，當然是通知一班人然後再
發散出去，遠遠快過全世界來找你獲取消息。

　　IPFS 猶如 BT 進化版，採用點對點架構但功能更進一步。BT 下
載時除了要用特定軟件，還得先找到該文件的「種子」，由於比較麻
煩，一般只應用於大型文件如音樂、電影和軟件；IPFS 以「內容指
紋」同時充當文件名稱和文件地址，確保當文件內容相同時，文件名
稱也必定一樣，用戶只需直接在支援的瀏覽器輸入文件名稱，網關
（gateway）就自動從四方八面的節點下載相應文件，因此同時適合
小至文字網頁等小文件。傳統的域名與 IP 地址是告訴系統去哪裡下
載內容，IPFS 卻是指定想要哪個文件，讓系統自行從眾多節點中選

擇較接近的分散式下載。

聽上去有點複雜，用起來卻十分簡單。每當作者在 Matters 發表文章，作品自動會存放到 IPFS，讓文章以同一檔名多點存放。當遇上個別報導甚至整個網站被威權政府封鎖——實屬必然，用戶還能透過其他 IPFS 節點去下載文件，而下載的同時，如果用戶的終端條件許可，也會成爲節點之一，幫助文件進一步分發。

反《逃犯條例》修訂運動期間，300 多位獨立記者在 Matters 寫出 500 多篇報導與分析，引起 10,000 多條討論和 3,000,000 以上的傳播。其中，梁啟智「爲想要瞭解香港的人而作」的《香港第一課》系列，一度透過 IPFS 在「牆內」瘋傳，再結集成書在台港出版，簡體版在網上免費下載，對香港相關的公共討論，貢獻良多。

IPFS 運作特徵。資料來源：https://ipfs.tech

無大台三寶

所謂「無大台公共討論空間」，除了無人駕駛的發表與討論環境，更獨特的是底層 IPFS「無大台硬盤」，讓用戶得以掌握自己的文件，即使站方伺服器出錯或被封，甚至有朝一日如部落格託管服務網站 Xanga 和無名小站般停止運作，用戶依然有方法保存自己的心血。過往，雖然部分面臨倒閉的網站安排妥善讓用戶下載自己的數據包，然而搬家不但麻煩，其後無論地址和格式等都會改變，但使用 IPFS 的底層，文件名稱亦即地址始終保持一致，而且由於內容指紋不變，代表文件由始至終比特（bit）不差。

LikeCoin 區塊鏈是「無大台信任機器」，Matters 是「無大台公共討論空間」，再加上 IPFS「無大台硬盤」，組成去中心內容分發機制。Matters 把所有文章存放於 IPFS，同時把 ISCN 元資料寫到區塊鏈，確保文件元資料不可竄改，只要能讀取 LikeCoin 區塊鏈的任何節點，就能得到整個內容索引。區塊鏈不適合存放大型文件，只儲存包含 IPFS 地址的 ISCN 元資料，而文件主體存放於 IPFS，分散式儲存於所有用戶的終端，並以點對點傳播，越重要的文件越多人看，越多人看越刪不掉。「無大台三寶」，除了局部回應假訊息和同溫層等社會問題，更重要的是嘗試從根本上抵禦威權政府的網絡審查。

　　舉個例子。假如 31 年前的今天，6 月 5 日，存在無大台三寶，長安街頭拍攝到的「坦克人照片」，包含如日期、地點、光圈、快門、版權、IPFS 地址等元資料的 ISCN 會寫在區塊鏈，不可竄改；照片本身存放於 IPFS，由所有節點共同守護，倒了或被封了一個，還有千百個相同的文件分散式儲存在世界各地。即使在 31 年後，我們在區塊鏈讀取 ISCN 上的元資料，鏈接去 IPFS，還是能下載「坦克人照片」，而且確保沒被動過手腳，跟 31 年前所攝一模一樣。

最小單位的自由

　　Matters 跨越國界但暫時只支持華語，偏偏沒有一個正式中文名字，用戶乾脆戲稱「馬特市」，自稱馬特市居民。一個簡單的英文字包含豐富意義，既有重要之意，也解作在乎，寓意創作者記下重要的想法，參與者討論在乎的議題。當作名詞時，Matters 解作物質，既是組成宇宙的星體，也是組成一切物質的質子、中子與電子；也許，那也寓意文章本身，畢竟 Matters 的口號正是，「寫作是最小單位的自由」。

　　可不是嗎？陳健民老師因佔領運動而入獄，失去人身自由，依然寫下多篇獄中書簡，彌足珍貴。新冠肺炎肆虐中國期間，武漢封城，

獨居武漢的女權主義者郭晶，從 1 月 23 日起一連 77 天寫下日記，發表於微博與 Matters，前面的 39 天由台灣聯經出版結集成《武漢封城日記》，讓世界讀到見證者第一身的所見所感。

在《歷史正在我們身上發生：瘟疫中的平民日記》中，Matters 創辦人張潔平寫道：

> 「所謂『寫作是最小單位的自由』，半年前為 Matters 提出這句口號時，我還沒有像此刻這樣，明白『自由』的含義——當生活的瑣碎、沉重與苦痛映照在書寫的鏡子裡，它們才獲得超越事件自身的意義，真正成為人的經歷的一部分。」

而我自己，過去一年在壓得人透不過氣的社會環境寫作，整理成《區塊鏈社會學》的過程中，也因而深深體會到這份，最小單位的自由。

4.6 習學工作坊 #4

體驗鏈上媒體　保育數位歷史

數位技術帶動資訊流動，卻又非常脆弱，往往消失於一旦。

閱讀鏈上媒體，利用分散式存儲及區塊鏈相關技術，保育內容，守護歷史。

https://ckxpress.com/workshop-4/

第五章	區塊鏈與治理

　　亂世讀書，在抑壓的心情中讀到米蘭（Stefania Milan）的《社會運動及其技術：佈線社會變革》（*Social Movements and Their Technologies: Wiring Social Change*），就社會運動參與提出一個嶄新框架，讓我大受啟發。

　　除了還堅信體制的局內人和全面抗爭的局外人，米蘭整理出的第三條路：拒絕跟體制互動的超越者。超越者不冒死抗爭，不費勁遊說，把精力用於建立新制度，讓時代改變或淘汰舊體制。這個以往並不存在的選項之所以出現，跟互聯網的普及有莫大關係。

5.1 區塊鏈共和國

參與社會運動，有兩條路可選。

　　要麼走入體制，爭取當個議員、區議員，提出法案實踐變革，拉布阻止不公義議案，或者在議會外幫助拉票，透過聯署、文宣、街站、沙龍等推動或反對議案，更基本的，登記成選民，踴躍投票，凡此種種，都是意圖在現有體制框架內帶來改變的「局內人」。

　　另一條路則是參與到公民社會，以請願、示威、遊行、集會，又或是自「無大台抗爭」以來，更多元更激烈的方式表達訴求，向體制施壓，立於建制以外，當個「局外人」。在文明進步的民主社會，局內人和局外人互相牽引也互相制衡，推動改革。

　　然而當議會的根本制度不公平不公義，爭取入局的可以被選舉主任「讀心」詮釋心思取消參選資格，高票進入局內的可被惡法取消議員資格，少數既得利益者選出的功能組別佔據半數議席還要分組點票，特首由大部分屬欽點的更小圈子選出，最後也最荒謬的是，假如即使在如此傾斜的制度下公民還是取得勝利，上面還有「舉手機器」任意釋法去推翻人民的決定。人民的意願沒有在議會內按比例反映，

尤其是年輕一代的聲音被硬生生踢出議會，本可以在體制內文明調解的爭論，全部被推上街頭。

這就是反《逃犯條例》修訂運動的背景，從溫和的聯署、罷課、百萬人和平上街開始，逐漸一個又一個抗爭者以死相諫、二百萬人和平上街、一面倒的民意調查，一系列無比清晰、文明社會早就知道必須接受的民意，均沒有得到體制的接納，2019 年七一示威者闖入立法會，噴上「是你教我們和平遊行是沒用的」，如雷貫耳道出現實。

網絡獨立宣言

從 1762 年盧梭的《社會契約論》到後來民族國家的確立，由始至終基於物理世界的邏輯，假設任何事情均發生在土地上，獲這片土地的國家保護，更受這片土地的國家約束。然而，互聯網普及以降，超越國界的數位世界越來越完整，比物理世界承載著更廣的訊息、更深的情感。物理世界與民族國家依然重要，但隨著數位世界承載的價值越來越多，國家政府沒有能力——更重要的是沒有社會契約賦予正當性——去管治這些原生於數位世界的價值。

賽博自由主義活躍人士巴洛 1996 年發表的《賽博空間獨立宣

言》，首段就鏗鏘有力地道出這個現象：

> 「工業世界的政府們，你們這些令人生厭的鐵血巨人們，我
> 來自網絡世界──一個嶄新的心靈家園。作爲未來的代言
> 人，我代表未來，要求過去的你們別管我們。在我們這裡，
> 你們並不受歡迎。在我們聚集的地方，你們沒有主權。

> （Governments of the Industrial World, you weary giants of
> flesh and steel, I come from Cyberspace, the new home of Mind.
> On behalf of the future, I ask you of the past to leave us alone.
> You are not welcome among us. You have no sovereignty where
> we gather.）[38]

《賽博空間獨立宣言》激盪人心，然而遺憾地，歷史的發展跟巴
洛與一眾自由主義者的願景相去甚遠，大部分國家透過不同形式、不
同程度管制互聯網，監控人民，甚至築起高牆阻擋「訊息的巨人」；
另一方面，商業利益也讓互聯網愈益中心化，由美中極少數企業控制
和管理極大部分的資源，互通協議裹足不前，流行應用拒絕互聯。

---

38) Barlow, J.P. (1996). A Declaration of the Independence of Cyberspace. Davos: Electronic Frontier
Foundation. 擷取自 https://www.eff.org/cyberspace-independence，檢閱時間：2020 年 6 月 3 日

　　區塊鏈的出現帶來曙光，給互聯網一次修正的機會，把密碼學、共識協議和 IPFS 等元素加入，建構分散式互聯網（distributed web，DWeb）。除了結構上分散的 DWeb，還有讓參與者共同治理的去中心自治組織，當中那個「D」除了 decentralized（去中心化）也可理解爲 democratic（民主），我有時會乾脆把它過度翻譯爲「區塊鏈共和國」。

代碼就是定律

　　很多人會把網上大型社群比喻爲「Facebook 國」、「微信國」之類，但區塊鏈共和國跟同在數位空間的論壇、社交網絡等相比起來，差之毫釐，謬以千里，好比拿近幾百年成形的民族國家跟歷史上的部落、帝國相比，最大區別並不在於前者大而後者小——事實上國家可以「麻雀雖小，五臟俱全」——而是在於前者立有憲法。憲法爲法律的最基礎，用於保障基本人權，制約政府，定義其權限，卽權力以及限制。在一個法治國家，沒有任何組織或者個人可以超越憲法，哪怕是皇帝。

　　這並非說 Facebook 等網上社群沒有規章，相反地其規矩多的是，而且鉅細無遺；但是，Facebook 的規章，小至用戶介面，中至

排序算法，大至貨幣政策如 Libra[39]，朱克伯格（Mark Zuckerberg）全都可以隨意修訂，莫說是毋須用戶通過，甚至知會也大可不必，Facebook 用戶早就習慣和接受了算法不斷更改，反正它餵什麼我們吃什麼就好。

相對而言，區塊鏈共和國立有憲法，定義最底層的運作邏輯。誕生只有短短幾年歷史，區塊鏈上的憲法細緻程度不可能及得上民族國家的憲法，然而因為「代碼即定律」的特質，相對於物理世界的國家政府輸打贏要，經常違憲和隨意詮釋條文，區塊鏈共和國的憲法必然被貫徹，結果絕對反映由代碼寫成的規定。區塊鏈共和國，因此甚至有條件比物理世界的現存體制更清晰定義，更貫徹執行一個共同體的核心價值。

過往想在社會上擁有一個身分去實踐一件事，要麼成立有限公司，要麼成立非牟利組織或社團等，總之都是跟政府註冊，對一個政府不信賴的，去別國政府註冊，終極的大不了在瑞士註冊，但依然是民族國家政府。去中心自治組織突破常規，讓人跟區塊鏈「註冊」，但這也是錯誤的說法，因為根本毋須許可，那極其量是項「登記」；

---

39)　Libra 自發表後曾經歷許多波節，最終未能成事。關於本書 2020 年初版至 2024 年再版間區塊鏈的發展，見〈2024 版前言──四年人事幾番新〉。

毋須獲得任何人批准，即可把組織的身分與憲法寫進區塊鏈，讓全世界見證與查閱。不但如此，區塊鏈不可竄改，也代表這個共和國無法被任何政府取締。

跨國界共同體

地球本無國界，歷史讓世界劃分成一片一片領土，由（理論上）受民族認可的政府管理，而政府的稅收來自發生在這片土地的交易。來到沒有土地的數位世界，互聯網上的交易，早就沒法清晰劃分發生於哪片土地，只是各國政府有共識，盈利總得在世上某一國家繳稅，讓巨企都把盈利分配到稅務條件最優惠的國家。

互聯網把資料數位化，讓訊息跨國界流動；區塊鏈把資產數位化，讓金錢跨國界流動；去中心自治組織更進一步，讓憲法數位化，讓治理不再受國界所限。隨著資訊科技突飛猛進，民族國家政府抽稅無論是可行性與正當性都是一大疑問。當民族國家政府忙於吃老本享受物理世界的控制權，超越者積極在數位空間建構新秩序，越多價值在區塊鏈實踐，國家政府的位置越邊緣化。

區塊鏈共和國，是繼資料、資產後，數位化的第三個範式，讓跨

國共同體得以實踐核心價值。雖然缺乏了土地，但很多以往被視爲必然是國家政府的功能，無論是數據、資產、思想，各種註冊以至個人主權身分（self-sovereign identity）在數位空間都能實現，加上數位世界中人與人零距離溝通，區塊鏈共和國甚至比民族這個想像的共同體（imagined community），還要更實在和具體。

在物理世界，每個人都生而爲某國人，除了小部分其後移民、移居，或者持有多國護照的，每個人都在沒有選擇的情況下成爲其居住地的公民──儘管有些國家不存在公民權利的概念。但對於不設准入條件的區塊鏈共和國，個人是依據志趣、理念和意識形態加入，而遇上不滿體制卻沒法透過參與治理去改變時，可以不受束縛地隨時退出，甚至另起爐灶，複製開放源碼，fork the government，自行立國。因此，區塊鏈共和國的身分認同並非國民教育的洗腦灌輸，或惡法相逼的虛僞尊重，而必然源自公民的自由意志。

案例：亞拉岡

區塊鏈共和國雖然在賽博自由主義者、區塊鏈愛好者等群體間成功驗證概念，但對一般人來說不論是開發還是使用的門檻都太高。畢竟，單是「讓資產可以自由流動」的區塊鏈已經很挑戰被體制困住的

常識，使用介面又困難，在麻瓜還沒成為區塊鏈魔法師的當下，已經連憲法都數位化、治理都放上鏈，難免把民眾越拉越遠，不聽得一頭霧水才怪。

幸好，不少團隊著力把區塊鏈共和國的理念實踐到普羅大眾，比如定位「Governance as a Service」（治理即服務）的民主地球（Democracy Earth），就免費提供「社群智能合約」（social smart contract）的底層和相對友善的網頁介面予全球大小組織使用。另外還有規模更大，2017 年眾籌得 275,000 以太幣的 Aragon Project（亞拉岡計劃）[40]，開發一系列樂高積木似的工具，方便用戶毋須任何編程經驗即可建立和管理去中心自治組織，現時支撐著一百多個來自不同領域的組織[41]。

在 Aragon 開設一個去中心自治組織就像做簡報，選個模板，做幾個設定，取幾個名字就可。簡報的模板選的是樣式，Aragon 的模板選的則是管治框架，例如公司的是以持分反映投票權，而持分可轉讓，而會社是會員一人一票，會籍不得轉讓。傳統上要做生意或辦組

---

40) 2023 年 11 月 2 日，管理 Aragon Project 的法定組織 Aragon Association 宣布解散，分發剩餘資金 86,343 ETH 予 Aragon 通證 ANT 持有者，Aragon Project 以另一形式繼續運作。

41) 及至 2024 年 6 月，Aragon 催生了超過 7500 個 DAO。

織首先要向政府申請成立公司、非牟利組織或者社團，再申請銀行帳號，就算成功都動輒幾個月，Aragon 讓這些申請工夫變成幾分鐘、毋須審批的輕鬆工序。

舉個實例，假如鍾庭耀在 Aragon 開設香港民意研究所（PORI），發行 PopVote 通證，然後讓香港市民以身分證換領一枚代表自己的 PopVote，此之後，民意調查以至投票，都只不過是在 Aragon 應用介面的一個簡單指令，像是香港的影子民調，但不在香港的治理框架之下，法理上和技術上也沒法被取締。除了投票、通證、財務等應用模組，方便處理日常事務，Aragon 還有眾籌模組，讓去中心自治組織公開透明地募資，反過來公眾可以一邊監察一邊「課金」，同時參與去中心自治組織的管治，確保款項用得其所。

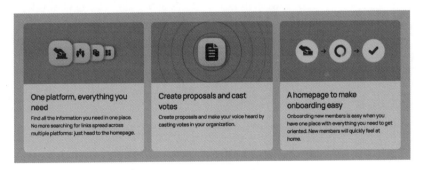

Aragon 組織基本功能
資料來源：Aragon Project

Aragon 的創辦人 Luis Cuende 2019 年在港分享項目發展，貼市地舉例社會運動可以使用這種形式籌募經費，避免募得款項有天突然被銀行凍結，可惜當晚出席者少得跟去中心自治組織的重要性完全不成比例，似乎區塊鏈之於港人，還是投資工具為主。公平點說，雖然去中心自治組織的潛力極大，但由於當下以太坊用戶體驗依然很差，速度慢而成本高，還必須先擁有以太幣方能使用，即使 Aragon 和 Democracy Earth 等組織花了不少努力，讓上述例子理論上完全成立，實行起來卻面對艱鉅的群眾教育問題，成為去中心自治組織未有廣為公眾認知的主因。

說起 Aragon 的創辦人，Cuende 與技術長（CTO）Jorge Izquierdo 兩位均來自西班牙，而 Aragon 的由來正是西班牙境內的自治區亞拉岡。跟項目一樣，港人並不熟悉亞拉岡自治區，可是它的毗鄰，港人一定聽過，正是於 2017 年公投通過獨立、被西班牙政府接管自治政府兼且武力鎮壓的 Catalonia，加泰隆尼亞。

5.2　DHK：**七百萬人上鏈之道**

　　本文撰於 2024 年 5 月下旬。四年前的這個時候，我開始以香港社會爲脈絡，撰寫一系列文章，推廣區塊鏈及密碼貨幣普及教育，並一律把 hashtag 設爲 #decentralizehk。

　　兩個月後，機緣巧合之下，我開始在《蘋果日報》供稿，專欄名我沒花時間多想，隨便就說 #decentralizehk，得到包容的編輯接納。不到一年，專欄隨著《蘋果日報》被結束。

　　區塊鏈本來就強調無大台、自主，我沒有就此放棄的理由，隨即把專欄變成電子報供免費訂閱，每週出刊並以電郵發送，至今三年，未曾脫期。

從 hashtag 到 DAO

　　有了一定積累，我於 2022 年 2 月 發起 DHK dao，並寫下《DHK 宣言》作爲初始框架。

DHK 宣言

願景：為七百萬人建立共識。[42]

使命：為麻瓜提供區塊鏈、密碼貨幣及無大台相關技術的普及教育。

實踐：在各區塊鏈經營由用戶自治的驗證人。

共識：採用「懶惰共識」機制，日常運作預設社群支持，直至有人表達不同意向。

治理：1 DHK 1 票，涵蓋促進以上願景、使命或行動，並能於賽博空間實踐的議題。

文化：pay it forward，持續給出 1 DHK，轉化別人成為密碼貨幣使用者。

守則：能力越大，責任越大。持有越多 DHK，肩負越大轉化麻瓜的責任，直至手上只剩 1 DHK。底線為把自有 1 DHK 以外的全數出售。

終局：讓 7,000,000 人持有 7,000,000 DHK。

　　DHK dao 提供「區塊鏈普及教育」，目標帶七百萬人上鏈，既進取，也卑微。

---

[42]　此為社群於 2022 年 5 月 9 日「修憲」後的版本，初版為「為香港人建立共識。」

　　說進取，是因為向每個人解釋區塊鏈都得花上一番唇舌，遑論是在沒有任何政府補貼、機構捐款資助的前提下教育七百萬人。說卑微，則是因為開錢包、體驗收款和轉帳只是踏出第一步，後面還有不計其數的服務、概念和世界觀，而且目標受眾只及全球人口千分之一。

　　是的，七百萬是世界人口的千分之一；當然，你要解讀為香港的人口也沒有不可。換個角度看，你或我被投擲成為香港人的機會率只有千分之一，而我倆都是香港人的機會率更只有百萬分之一，不是緣份，還是什麼？

　　如果 DHK dao 有所謂 KPI（關鍵績效指標），那就是持有 DHK 通證的人數；假設每人只以單一錢包持有，那麼持有 DHK 的錢包地址數就是 KPI 的達成數。為方便量化目標，DHK 通證被設計成共七百萬顆，成功引導麻瓜開錢包並送上一顆 DHK，象徵幫助一位新手上路，而 DHK dao 的終極目標，是把七百萬顆 DHK 分發到七百萬人手中。當然，這是近乎不可能的的任務，但它是顆北極星，引領社群的發展方向。

　　月前，DHK 通證剛從 Cosmos 生態搬到以太坊第二層網絡 OP

Mainnet 重新鑄造，DHK dao 像希臘神話西西弗斯，原有的進度歸零，得從山腳重新開始。樂觀地看，事隔幾年以太坊的成本大幅下降，體驗有所改善，加上大眾對區塊鏈的觀感較以往正面得多，普及教育工作捲土重來，可望較以往順利。

以機制發電

我不主張用愛發電，更不希望使命淪為空談，因此發起 DHK dao 時借力當時已經在 Cosmos 生態中運作了一陣子、有一定收入的驗證人業務。

Cosmos 生態即 LikeCoin 自 2019 年底加入的生態，使用權益證明，由持分者質押通證予特定驗證人，一方面委託該驗證人代為挖礦，前者賺取回報，後者收取佣金；另方面也相當於投票，意味持分者支持該驗證人成為其代表，審理生態中的各種議案。DHK dao 要成功成為驗證人，除了要搭建和維護伺服器，還需要所獲質押的通證數目名列前茅，以擠身特定區塊鏈的驗證人之列，否則就等於選舉落敗。

DHK dao 成立之初，從挖礦收入當中撥出 10%，用於區塊鏈普

及教育工作。2023 年中，提撥比率增至收入的 40%，不抵扣成本，每月結算至由社群成員管理的多簽錢包，主要用於加強 DHK 通證的流動性；當 DHK 可以隨時兌換成穩定幣或其他通證，也就可以有效地用作回饋貢獻者。

相對於傳統單向的企業捐款，驗證人提撥挖礦收入的機制被設計成迴圈，營造良性循環。首先，7,000,000 顆 DHK 除了預留 1,000,000 顆備用，餘下的 6,000,000 顆分五年即共 60 個月，每月向社群空投 100,000 顆。由於驗證人收入多寡跟在各鏈上所獲質押成正比，故每月底 DHK dao 會因應每位用戶委託的佔比，分配他們當月可得空投數量。換言之，DHK dao 是透過每月空投回饋用戶和鼓勵質押，質押得越多代表貢獻收入越多，也因此按比例獲得的空投越多。

此外，DHK dao 週報經營三年，除了積累 156 篇文章、兩萬多訂戶，也得到一百五十多位讀者支持，成為付費訂閱的「道友」。過往我用這部分收入來支持創作和公民社會，從本年起則會撥歸社群，直接轉入 DHK dao 的多簽錢包，為社群多添一項收入來源以抵禦風險，畢竟在商言商，驗證人業務的競爭非常激烈，DHK dao 隨時有可能被擠出個別區塊鏈的驗證人之列，失去挖礦收入。

最小可行憲法　實踐中摸索

除了以上「鏈上銀行」的角色，驗證人也是「鏈上立委」，除非用戶行使直接民主，自行就議案投票，否則驗證人就每個議案的投票取向，都包含了等同於質押通證數目的投票權。因此，在各區塊鏈經營驗證人不單是為獲取收入支撐運作，也是擔當代議士的職責，參與賽博空間的治理，長期關注和思考數位民主。

區塊鏈的發展迅速，無論審理議案還是技術營運的節奏都很明快，加上牽涉大量背景知識，驗證人不可能事事向用戶諮詢。有見及此，DHK dao 採用「懶惰共識」（lazy consensus）原則，即平時默認跟從執事者意向，但持分者如有異議可隨時提出，務求平衡民主與效率。

懶惰共識鼓勵參與及協商，萬一協商不果，持分者的最後手段為「逆向議案」，即動議反對特定決策，一旦成功通過，表示執事者應該順從民意。DHK dao 的投票以「1 DHK 1 票」為原則，但由於各人持有 DHK 數量不一，有可能出現富者主導的弊病。對此，我主張分兩個層面去解決。

首先是精神層面的社群契約。〈DHK 宣言〉第六和七條強調「pay it forward」精神，主張每位持分者只保留 1 DHK，換言之，「能力

越大，責任越大」，所獲 DHK 越多，要給出去的 DHK 越多，即是要帶上路的新手也越多。宣言進一步指明，假如所持 DHK 太多未能分發，至少也應該賣出，獲取回報之餘，達到每人只保留 1 DHK 在手的目標。以上規定雖然不存在「執法」與「司法」機制，但我認為即使純屬社群契約，這份共識依然重要。

其次是機制設計。視乎 DHK dao 及區塊鏈技術的發展，社群可以持續改善投票機制，有需要時亦可「修憲」，更新〈DHK 宣言〉以反映最新情況。比如說，假如社群同意，可以把「1 DHK 1 票」改為「1 錢包地址 1 票」，如是者，即使錢包有大量 DHK 也只視為一票。然而這只是舉例，因為有意操控投票的人，可以輕易生成多個錢包作出「女巫攻擊」，缺乏有效防禦機制，「1 錢包地址 1 票」的修訂只會弄巧反拙。缺乏普及教育以及價值層面的共識，單憑機制設計，企圖道高一尺制勝，往往只會落得魔高一丈，工具和技術頻繁改變，而價值和原則比較恆久，這是我主張以社會契約訂定核心原則，再由社群按照最新技術盡量實現的原因。

這種借鏡互聯網創業奉行的最小可行產品（minimum viable product，MVP）的路徑，可以理解為「最小可行憲法」，在組織成立的初期避免大而全的規章，相反只釐定僅僅足夠讓社群聚集及起步

的小量原則，只要有方法持續修正補完，起初規章即使簡陋甚或千瘡百孔都不妨礙運作，甚至可能成爲持分者參與和產生各種互動的理由。

DHK dao 既然是分散式自治組織，理應由社群主導，無論有多大發展，都是持分者共同努力的成果。從文章到專欄，從專欄到週報，又從驗證人演化成社會實驗，作爲發起人的我謹以此文概括，宣告功成身退，祝願 DHK dao 分散壯大，走得更遠。

5.3 讚賞公民共和國 [43)]

第二次世界大戰後，歐洲六國於 1951 年簽署《巴黎條約》，並於翌年成立歐洲煤鋼共同體，成爲歐洲歷史上第一個權限跨越國界的組織。1958 年，類似的歐洲經濟共同體和歐洲原子能共同體成立，並於 1967 年跟歐洲煤鋼共同體統合，成爲歐洲各共同體。1992 年《馬城條約》簽訂並於翌年生效，歐洲各共同體成爲歐洲聯盟，並漸漸從貿易實體轉變成經濟和政治聯盟。由歐洲煤鋼共同體的六國起，歐盟高峰時共有 28 成員國，英國脫歐後的 27 國共使用 24 種官方語言，19 國 [44)] 採用歐元爲流通貨幣。

歐盟設有成員國首腦組成的歐洲理事會、直接民選的歐洲議會等組織，制定各項政策與法律，比如《數碼單一市場版權法案》（Directive on Copyright in the Digital Single Market）、《一般資料保護規範》等，再由成員國在國內立法具體執行。

歐盟各國既能保有主權、母語和文化，又能體現共同體意志，使

---

43) 本文描述的爲 LikeCoin 2.0，即以 LikeCoin 鏈爲核心的治理機制。2024 年 5 月，我以社群成員身分發表《LikeCoin 3.0 綠皮書》倡議 LikeCoin 遷回以太坊生態，假如社群接納建議並實行，治理機制將會隨之更新。

44) 2024 年 6 月，20 國採用歐元爲流通貨幣。

用單一貨幣促進貿易與加強實力，和而不同，是人類歷史上的重大里程碑。2012 年，歐盟獲頒諾貝爾和平獎。

公民媒體歐盟：編採獨立、議題謀共識

物理世界有距離有疆界，歐洲各國經歷兩次世界大戰，尚且能夠成立聯盟，貫穿各國的，是幾千年的文化底蘊與共同命運。借鑒歐盟，定位公民媒體共同體的讚賞公民共和國，Republic of Liker Land，於 2019 年 11 月 15 日正式在區塊鏈成立。

截至 2020 年 5 月，讚賞公民共和國有一千多個成員媒體，各自保有品牌、網站、編採方針等各項主權，只在基礎議題上謀求共識，未來議題包括定奪與處理假訊息、應對內容農場、回饋內容機制等等。共和國的共同「貨幣」為讚賞幣 LikeCoin 通證，但有別於歐元，各成員媒體同時使用各種貨幣，而以 LikeCoin 作為共同體的價值載體和投票權。

除了一千多個媒體成員，共和國現有公民七萬多，其中約 2.5% 為「讚賞公民」，每月貢獻五美元，化讚為賞，回饋創作，相當於共和國的繳稅人口。公民中約 14%、即一萬多為作者，所創作內容一

般爲文章，其中 24 萬多筆共得到 3000 多萬 LikeCoin 作回饋。

　　讚賞公民共和國成立之初，由十個組織組成七個單位充當驗證人，分別爲台灣事實查核中心、國立台北科技大學區塊鏈社、文化及媒體教育基金（事實查核實驗室母體）、香港創意開放科技協會、立場新聞、Matters、GLOs、Forbole、Oursky、Enyk 及 UDomain。驗證人的角色接近歐洲議會，但除治理外同時擔當底層 LikeCoin 區塊鏈的節點，因此部分媒體夥拍技術提供方以滿足驗證人角色。

讚賞公民共和國創世驗證人

LikeCoin 區塊鏈的運作

技術實現上，讚賞公民共和國以 LikeCoin 公共區塊鏈作底層，任何人毋須獲得批准即可加入（permissionless），或者說，沒有人有權批准或否決媒體的加盟。LikeCoin 區塊鏈使用綁定權益證明（Bonded Proof of Stake）共識機制，由持分者把手上 LikeCoin 委託予驗證人，再由驗證人按相等於獲委託數量的投票權，確認每五秒鐘一個區塊的交易。

驗證人角色：(1) 記錄 LikeCoin 交易

當 Alice 給 Bob 轉帳 100 LikeCoin，傳統的金融體系中記帳的是銀行，簡單的情況是同一間，複雜一點的是處於同一國家的兩間，更複雜的是分別處於兩國、相互有記帳合作的兩間，甚至更複雜的，還要再加上中轉記帳的三間銀行。相對來說，在 LikeCoin 區塊鏈中，無論兩者身在何方都一樣，Alice 以密碼學簽名發出 100 LikeCoin 後，廣播通知所有驗證人交易內容，每五秒鐘驗證人輪流把期間的所有交易打包成一個區塊，再由其他驗證人以密碼學簽名作實，然後 Bob 約五秒多後會收到 100 LikeCoin。

每簽名確認一個區塊，驗證人會按獲委託數相對總量的百分比獲

得新鑄造的 LikeCoin，換言之，這些 LikeCoin 的來源是「通證膨脹」，作用是反映驗證人貢獻的價值。LikeCoin 的通脹率爲每年 1%，即每年新鑄造相當於 1% 總 LikeCoin 數的通證，用以回饋驗證人。由於驗證人的投票權來自持分者委託，因此回饋由兩者分成，比例爲 40% 至 60% 不等。

LikeCoin 區塊鏈採用拜占庭容錯機制，每個區塊的確認需由三分之二以上持分簽名作實通過，確保共同體由始至終保持共識。假設有驗證人作假修改區塊內容，不但會因爲得不到三分之二以上持分確認沒法通過，還會被處罰委託的 LikeCoin，以博弈理論防止作弊。因此，把 LikeCoin 委託予驗證人賺取回報，雖然表面上跟存款到銀行收取利息類似，但實際上是持分者貢獻資源幫助社群維持共識，故每個區塊所獲取的 LikeCoin 是補償（compensation）而非利息（interest）。熟悉比特幣的，把這個機制理解爲以持分取代算力挖礦，也無不可。

以上 1% 通脹率、40% 至 60% 傭金等比率都是現有數字，可以由驗證人通過提案去增減，跟議會通過財政預算案差不多。除了經濟，媒體相關的議題如事實查核，以至軟件升級等技術決策，都可以而且需要由驗證人通過議案方可執行，這些由代碼寫成的規則，就是讚賞

公民共和國的憲法，code is law，代碼即定律。

驗證人通過議案修改各項規則，就是修憲。

驗證人角色：（2） 提案修憲

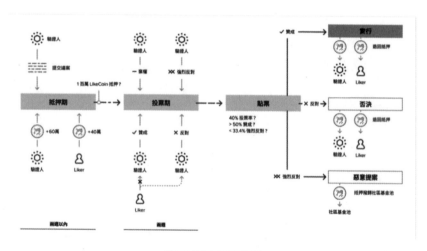

讚賞公民和國修憲流程

　　讚賞公民和國的修憲流程，第一步是由驗證人隨時提出議案。提出後，議案進入抵押期，期間提案人宣傳和集氣，務求於兩週內讓議案從持分者手中獲得 100 萬 LikeCoin 抵押支持以進入投票期。議案抵押制度類似收集十萬聯署人讓議案付諸公投，抵押的 LikeCoin 則像選舉保證金，避免有人惡意提出議案，勞師動眾。

投票期為兩週，期內驗證人就議案投贊成、反對、棄權，或比較特別的否決票（veto），同一時間，持分者也可以於投票期內轉換驗證人一次。投票期結束，無論是贊成票多還是反對票多，均會發還100 萬 LikeCoin 抵押金，然而，假如超過三分之一持分投下否決，表達提案為惡意，則卽使贊成過半議案都不獲通過，而且抵押也將不獲發還，存於社區基金池，由後續的議案調度。

議案技術上可分三種，一是系統改版議案（upgrade proposal），用於驗證人節點軟件更新，二是參數修改議案（parameter change proposal），比如把通脹率從 1% 調高至 2%，不同於物理世界，這兩類議案通過卽由代碼執行，沒有懸念。第三種是訊號議案（signaling proposal），為一種立場指引，可為共同體提供發展方向，但也牽涉執行者的進一步演繹和落實，亦有可能沒法落實，情況類似英國脫歐，卽使公投結果確認，細節都久久沒法落實，甚至最終成事前一度懷疑會否爛尾。不論是否認同英國的決定，英國最終成功脫歐，再一次展示歐盟讓成員和平決定自身未來的文明，跟帝國霸權不可同日而語。

治理相關的操作，全部在稱為北斗（Big Dipper）的網站完成，日後也計劃在流動應用程式實現。北斗介面簡便，除了展示治理相關

的議案內容、投票結果、驗證人的介紹、投票紀錄外，還有更基本的，LikeCoin 區塊鏈的所有交易證明。北斗就像個開放政府，讓公民查閱和搜尋共和國的所有開放數據。

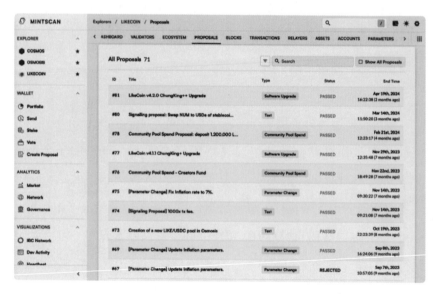

讚賞公民共和國的議案
資料來源：Mintscan

流動民主

以上治理方式，是流動民主的一種實踐。先撇開讚賞公民共和國的語境，流動民主是代議政制的加強版，允許公民委託一個或以上代表，兼且分不同程度，而且可於不同時間，就不同議題，委託不同的

代表，又或者選擇自行就議案直接投票，比傳統代議政制賦予公民更深度的參與。

對代議政制期盼了幾十年的我們，很容易變得「夏蟲不可語冰」，難以理解更進一步的流動民主，具體如何運作。且想像在理想國，相對於一人一票，每位選民獲分配 100 點「話語權」（voice credits）。理想國居民 Alice 認可 Bob 的政見、能力與誠信，於是把 100 點話語權全數委託給 Bob。豈料，理想國政府提出議案，出賣人民，Bob 竟然投下贊成票。不幸中之大幸是，Alice 不用等待四年後以選票懲罰 Bob，而是馬上把話語權轉走，這次分散信任，分別給 Carol 與 Dave 委託 60 點和 40 點話語權。出賣人民的 Bob，由於大量話語權被轉走，即時失去議員資格。

過了一陣子，理想國表決教育改革議案，Alice 認為教師出身的 Carol 比律師 Dave 對此更有心得，遂把 Dave 的 40 點話語權都委託給 Carol，對議案投出最有力一票。又過了一陣子，理想國討論反資訊科技滲透議案，屬 Alice 的專業範疇，於是 Alice 收回 100 點話語權自用，直接對議案作出表決。話語權點數像水一般流動，讓理想國人靈活地在不同時間，就不同議題，委託不同代表議決或自行表決；至於議員，則需時刻聆聽人民訴求，確保持續反映委託者的權益。

LikeCoin 反映社群貢獻　也是話語權

讚賞公民共和國的流動民主，跟理想國略有區別，暫時不設個人投票的直接民主，不過由於個人可在投票期把持分轉給跟自己取向一致的驗證人，因此跟直接民主分別不大。更顯著的差異在於，共和國以日常使用的通證 LikeCoin 同時用作話語權點數，而非使用單純用於投票的話語權點數。

去中心自治組織雖然在很多方面是物理國家在數位世界的投射，但也存在根本的不一樣，其中一個最大的區別是公民身分的落實。類似於數位內容可以無限複製，去中心自治組織的身分可以輕易多開，直接的一「人」一票並不可行。有部分項目因此要求用戶實名認證，但這除了容易產生敏感資料外洩等一連串私隱問題以外，也把群體的超越者定位硬生生拉回民族國家體制，喪失去中心自治組織的關鍵意義。

讚賞公民共和國選擇輕認證，要求關聯郵箱、社交網絡帳號或者手機號碼其中之一以開通公民身分，作為一個小小的門檻，增加多開的成本，但由於關注私隱的用戶可使用不關聯實體身分的郵箱，留下保障私隱的窗口。公民「護照」Liker ID 為半匿名，跟物理世界寫作一樣，多數人會公開身分，但也可自取筆名，意味著讀者不知道背後

是誰，但能在北斗找出這個筆名發表過的作品，以及所得的讚賞。

共和國的核心價值是創作有價，作品的價值以通證承載，因此一個身分所持的 LikeCoin，大約反映作者的貢獻度，也因此，即使有人多開身分也意義不大。當 LikeCoin 委託給驗證人，就成為這個身分的投票權，實踐流動民主。

讚賞幣是個十年計劃，目標以一個年代（decade）改變創作生態。計劃走了四分之一個年代，共和國成立，至執筆當刻只有半年多，尚在發展初期，只審議並通過了一個議案，把驗證人的數量從七個提高到十個，但總算如歐洲煤鋼共同體，踏出了跨公民媒體議政的第一步 45)。

讚賞公民共和國嘗試跳脫物理世界的框架，讓公民媒體共同體在數位空間發酵，實踐民主共治，是個愚公移山似的社會實驗，單是讓大眾理解可能就得十年，遑論應用。最終可以走得多遠，為人類社會帶來什麼啟發，最關鍵的不是開發團隊，而是全體讚賞公民的努力。

---

45)　時至 2024 年 6 月，社群共提出 81 項議案，當中 73 項獲得足夠抵押付諸表決，結果 68 項獲通過，5 項被否決。

5.4 共和國區塊鏈

談區塊鏈，沒有人會質疑比特幣是鼻祖。然而，細看比特幣白皮書，會發現「block(s)」（區塊）字出現 67 次、「chain」（鏈）字 26 次，「chain of blocks」（多個區塊的鏈）一次，卻沒有出現過「blockchain」（區塊鏈）。短短九頁的白皮書，講解了如何巧妙地利用密碼學建立分散式帳本，讓人可以在沒有中央、沒有互信的前提下轉帳，但並沒有把 blockchain 的概念獨立演繹。

把中本聰提出的技術稱為 blockchain，應用在比特幣以外的場景，是來自四方八面的後來者。初時比特幣就是 blockchain，blockchain 就是比特幣，到大約 2014 年，以太坊出現後，才逐漸出現區塊鏈產業，而比特幣依然是當中的遙遙領先的第一大。

各國爭發數位貨幣　圖建「數位大台」

十年過去，比特幣啟發了數以百計的區塊鏈，有著一整個光譜的去中心程度，甚至不一定使用區塊作數據結構。相對於堅持原教旨區塊鏈，批評偏離比特幣設計的項目，我寧可把這些視為「泛區塊鏈」或比較常用的「分散式帳本」（distributed ledger technology，

DLT），同情理解它們的設計與應用場景，即使真的有人指鹿爲馬——這個世界多的是——認清那是鹿，要比不讓人說那是馬更加重要。

分散式帳本當中，有很多爲產業應用，比如 IBM 就分別在食品安全、物流、新聞、疫苗等方面建立聯盟鏈（consortium chain），即由特定組織擔任節點，共識機制稱爲權威證明（Proof of Authority）的區塊鏈。產業泛區塊鏈肯定會起飛，但我的關懷不在這裡，而在由主權國發起的分散式帳本，和 Facebook 發起的 Libra。

我把 Decentralized Autonomous Organization 過度翻譯爲區塊鏈共和國，是因爲它的核心是把治理數位化，利用 code is law 的特性，以區塊鏈去演繹共和國。至於主權國家的央行數位貨幣（central bank digital currency，CBDC）則正好相反，是由共和國去演繹區塊鏈。前者是利用無大台的治理來運作共同體，後者是沿用主權國原有的治理去運作分散式帳本，無論稱爲什麼都好，其民主程度只會等於或低於，而絕不會超越主權國本身的治理。政府就是主權國分散式帳本的「先知」，無論區塊鏈「建築師」的設計多麼嚴密，最後定奪的必然是政府，深刻理解這一點，至爲重要。

中國 DCEP：區塊鏈一帶一路

正考慮或籌備發行央行數位貨幣的國家非常多，已知的有 46 個 [46]，當中最爲領先又最受觸目的肯定是中國的 DCEP（Digital Currency Electronic Payment）。

2014 年由時任人行行長周小川於第十三屆人大會議提出的 DCEP，面對 Facebook 發行 Libra 壓力，去年 [47] 公開開發進度。DCEP 用上部分區塊鏈的核心元素如密碼學簽名、非對稱密鑰，但全不考慮去中心化，因此效率非常高，據報每秒可達一萬筆交易。由於用戶體驗跟現有的支付寶、微信支付非常接近，普羅大眾很難理解差之毫釐背後的巨大差異。

現有的電子支付方案無論多方便，背後的引擎依然是傳統的發鈔、運鈔、記帳、結算等系統，各種電子支付做的只不過是在上面搭一層高效率的體驗介面，好比我們將訊息內容寫在紙上，然後拍照，再以即時通訊軟件發訊息，訊息並非原生數位。然而 DCEP 卻是原生的數位貨幣，除了同樣可以掃碼支付，沒有訊號時也能以 NFC（近距離無線通訊） 靠近支付，最重要的是眞正定位爲央行發行的數位

---

46)　2024 年 5 月，數字暴升至 134 個。
47)　2019 年。

鈔票，是中國的法定貨幣，跟紙鈔一樣，銀行提交準備金，央行給出DCEP，再由銀行分發到公眾；數位人民幣越多，紙鈔越少。

DCEP 類似比特幣般不設固定帳號，按照官方介紹是保留了紙鈔的隱私，但即使日常生活的小額支付，也需要手機號碼作為啟動錢包的最低門檻，而手機號碼採用實名制，我對私隱的說法極有保留。官方也明言，即使沒有帳號，還是能以機器學習從元資料找出符合如網上騙案或洗錢等規律的交易與涉事人。從數據追蹤罪犯的確是項進步，但期望 DCEP 照顧人民私隱，未免天真。

DCEP 是人類歷史以來最先進的法定貨幣，是金錢演進史上與貝殼、貴金屬、紙鈔等份量相近的里程碑，來勢洶洶，明顯衝著美元而來。當貨幣真正實現數位化，不再表層數位而底層古早，加上貿易以及中國商旅人士在國際間的購買力，DCEP 將令人民幣以各種方式溢出中國，讓沿路國民和國家無意或有意儲備人民幣，形成「區塊鏈一帶一路」。

FB Libra：拯救美元霸權

面對如此強勁對手的美國，偏偏不是眾多積極籌備央行數位貨幣

的國家之一。但不知是運氣還是制度產生的必然結果，美國政府不用自己出手，已有眾多民間項目變相幫助美元鞏固其霸權地位，比如 #decentralizehk 選用的 Argent 錢包和 USDC[48]。Argent 把去中心和用戶體驗兼顧得極佳，而 USDC 底層的以太坊[49] 是貨真價實的公共鏈，選用這些工具不代表認同美元的貨幣霸權和量化寬鬆，但為照顧公眾對購買力和穩定性的信心，別無選擇。由於美元的霸權地位和美國制度的相對文明開放，錨定美元的穩定幣非常多，除 USDC 外，還有規模最大使用最廣的 USDT、去中心程度最高的 DAI 等等，而支持的錢包除 Argent 外，也還有 Coinbase、Trust 等等，任何人都可以基於協議自建應用，是伴隨開放體系而來的好處。

但正如開放的 RSS 協議不敵 Facebook feed，眾多基於以太坊的穩定幣都不一定及得上的 Facebook 牽頭的 Libra。Libra 是 Facebook 的貨幣大計，底層是聯盟鏈，搭配以美元（50%）、歐元（18%）、日圓（14%）、英鎊（11%）和新加坡元（7%）一籃子儲備貨幣發行的穩定幣，2019 年 6 月正式公布時引起極大迴響，各國政府大為緊張，擔心擁有 27 億用戶的 Facebook 變成超主權國際央行，中國人民銀行

---

48) 隨著以太坊用量激增，手續費暴漲，Argent 於 2020 年 8 月停止向用戶補貼手續費，#decentralizehk 不再推廣相關應用。

49) 2024 年 6 月，USDC 擴展至 Solana、Noble、Polkadot 等 16 條鏈。

數字貨幣研究所所長穆長春就毫不掩飾對 Libra 的忌憚，特意在音頻學習應用程式「得到」開設「科技金融前沿：Libra 與數字貨幣展望」課，大談 Libra 對世界各國的威脅——當然尤其是中國，進而介紹 DCEP 的優點。只要能維持獨立思考，這門課內容非常好，提供不少資料與洞見。

　　總之，各國都擔心 Libra 威脅到自己主權貨幣是事實，包括美國本身。Facebook CEO 朱克伯格到美國國會聽證時，國會議員瓦爾加斯（Juan Vargas）就好像吃了誠實豆沙包似的說：「若要制裁別國，我們較喜歡從經濟下手，而不是動用軍事力量。我們之所以能實施經濟制裁，是因為美國的銀行系統十分強大……因此當某些東西威脅到美元，我們就會坐立不安。」

　　在另一場聽證會，Libra 領航人馬庫斯（David Marcus）的話，彷如對瓦爾加斯的隔空回應：「我相信假如美國不去領導數位貨幣與支付的創新，其他人會補上。如果我們不作為，很快就會看到數位貨幣由跟我們價值觀很不一樣的人來控制。」

沒有說出國家名，但三歲小孩都能聽懂。

很多媒體把出席聽證會的 Facebook 描述得很狼狽，但整件事在我看來卻更像是 Facebook 在拯救美元的霸權地位。反正，經過一輪聽證會和多國表達擔憂後，Facebook 從善如流，在白皮書 2.0 中，表示 Libra 幣只是用於缺乏貨幣主權的國家，而會另外發行 LibraUSD、LibraEUR 等錨定大國主權幣的穩定幣。翻譯出來，顯然在說：我會配合金融大國，而只會去吃第三世界國家。

貨幣戰爭

世界兩大陣型的戰線延伸到越來越多層面，本來中國對互聯網「築牆」的影響已經夠大，然後貿易戰美國禁止銷售手機芯片和設備，波及到硬件與 5G，接下來的貨幣戰爭，更連貨幣都逼人選擇。

兩國均逼不了對方就範，戰場變成其他國家，尤其第三世界，誰勝誰負，視乎人民幣的區塊鏈一帶一路延伸得遠，還是美元的區塊鏈天羅地網覆蓋得廣。號稱國際金融中心的香港，傳統金融是很發達沒錯，但官員一心只顧確保政治正確，終日奴才似的等候中央發號施令，結果落得出賣港人利益之餘，又幫不了上頭保住面向國際的緩衝

區。港府對在數位貨幣時代如何維持港元地位毫無想法[50]，佈局跟第三世界國家無異，難怪 Libra 也從未把香港放在眼內，一籃子貨幣裡面有日圓和新加坡元，卻不見人民幣與港元的蹤影。

Libra 首年波折不少，但流失部分節點後又引入北美電子商務平台 Shopify 成節點，開發進度理想，且在白皮書 2.0[51] 處理掉不少問題；至於 DCEP，更已經在深圳、雄安、成都、蘇州等城市落地測試。當 Libra 正式推出，WhatsApp 轉帳跟發照片一樣簡單，但多半不會為了照顧港人而推出 LibraHKD，99%——我是剩下那 1%——使用 WhatsApp 的港人，會選擇每分每秒使用的通信軟件傳 LibraUSD，還是 DCEP 錢包傳人民幣？

超越者與體制的博弈，不能觸動對此沒感覺的人。但 Libra 對著 DCEP，則是兩大強權之爭，每個港人都得選擇，再沒有左右逢源的空間。不過，先別為此而煩惱，畢竟在《國安法》之下，港人有權選擇麼？

使用 WhatsApp 是否利多於弊，思考這條問題，未免傷害民族感情。

---

50)　2024 年 3 月 12 日，香港金融管理局推出穩定幣發行人「沙盒」，允許有序發行港元穩定幣。

51)　Libra. (2020), Libra White Paper v2.0. 擷取自 https://libra.org/en-US/white-paper/，檢閱時間：2020 年 6 月 3 日。

5.5 總結：從零和到共和

1997 年香港主權移交，我大學畢業，打工一年後，在對創業一無所知的情況下，找學生會的幾個朋友一起成立公司，名字沿用學生會的內閣名，叫「新天空」。此後多番起伏，不足為外人道，但我再也回不去受僱的日子。

回不去不是因為習慣了時間安排自由，不用看人臉色，其實創業有多自由，是否不用考慮別人，創業者心照。回不去的原因，是創業的年月間逐漸體會到，我想為世界創造價值，而不只是為自己糊口。

那個年頭，創業的說法還沒出現，帶點規模的會說做生意，像我這種蚊型的，只會說「搵野搞」，找事情幹；香港跟隨矽谷的腳步談初創（startup），是最近十多年的事。然而兩地初創的表現形式相當不一樣，矽谷的初創雖然任何產業、任何定位都有，但總是開發產品；香港的初創則往往是自選或無奈地為企業與機構量身訂造開發，在美國的語境多數稱為顧問服務（consultancy）。

由於顧問服務較難規模化，創投幾乎不會投資。但這不是我一直堅持產品開發的原因，我不認為規模越大越好或者錢越多越好，況且

幫助各行各業提升生產力、改善工作流程，也很有意義。我看重的是初創「無中生有」的本質。

從零和到共贏

當然我知道「無中生有」本是貶義詞，而它之所以負面，想深一層，是因為根深柢固的零和概念。個人感覺，零和心態在本地特別強烈，可能跟香港十八世紀為轉口港、十九世紀輕工業和貿易、二十世紀物流和金融中心的歷史有關。

零和，zero sum，顧名思義，就是各方所得或所失相加之和為零。一枱麻將四個人，假如 Alice、Bob、Carol 總共贏了 1,000 元，Dave 肯定輸了 1,000 元。交易市場中，Eve 賣出價值 1 億元的股票，世界上必然有個 Frank 花了 1 億元接貨。無論是轉口港、物流、貿易還是金融買賣，都是買賣雙方，一邊付出多少，另一邊接收同等數目，中間人抽成。這種模式深入香港人的概念，如果有人無中生有，港人會難以理解，要不覺得是魔術，要不覺得是騙子。

從科學的角度，零和卻是定律，世界的物質總量不變，人類可以改變物質的型態和組合，但不能從空氣中變出物質。我非常喜歡的日

本動漫《鋼之煉金術師》把這概念稱為「等價交換」，並將之提升到哲學的層次，意思是「人不作出犧牲，就不會得到任何回報，想得到一樣東西，就必須付出同等的代價。」

我是《鋼煉》的忠實粉絲，深信「等價交換」沒有錯，錯的是我們的詮釋。不單是我們，主角愛德華和艾爾兩兄弟打從故事一開始就弄錯了，以為可以用煉金術等價交換回亡母，結果愛德華右手和左腿沒了，艾爾失去整個身體勉強保住靈魂，亡母卻換不回來。一番經歷之後，兩兄弟體會到，靈魂無論如何都不能以物質煉成。愛也是。付出愛為的不是換回等值的愛，況且愛在付出後非但不會減少，還會在互動和馴服的過程中，變得更深；就如火炬，留給自己，不一會就燒光，傳出去，反而越燒越旺。

這違反物理定律麼？不見得，愛因斯坦告訴我們，$E=mc^2$（質能等價），物質可以釋出能量，而且極少物質就能釋放極大能量。只要找對方法，我們在感覺不出失去物質的情況，就能產生能量，創造價值，「無中生有」。

數位世界的運作也是如此。一個概念、一筆內容，留給自己，意義到此為止。但當創作以小得測不出成本的比特複製，傳出去，讓更

多人閱讀、回應、再演繹，意義就能不斷放大，價值由此產生。然而數位化只進行了幾十年，相對歷史長河只是一個點，人類還沒搞懂這些創造出來的價值要如何衡量，又要如何捕捉，就如艾爾的靈魂依附在盔甲才能跟人互動，我們還是把價值依附於物理載體，才懂得釐定、體會以及交換。實體書如是，藝術品如是，金錢也如是。

過去幾年我不斷跟人介紹區塊鏈和密碼貨幣，深深體會到這個思考盲點。經常有人問，我的錢到底在哪裡？腦內的圖像大概是一張張紙幣，拿在手中、放在錢包、存於銀行、換成金條，但一旦沒有型態，腦中沒了畫面，就再沒法理解。另一個常見的問題是，這些錢來自哪裡？概念顯然是，這裡有錢，就代表某處流失了相同金額。實情是，價值本來就沒有型態，是人發明實體貨幣作為釐定、儲存與交換價值的載體；而既然價值並非物質，也就並非零和，可以創造。區塊鏈和密碼貨幣，是以同樣非為物質的數位通證作為價值載體，因為沒有了物理羈絆，得以無遠弗屆；而鑄造通證的基礎，是價值。

無中生有並非科技業，更非魔術師與騙子的專利。事實上，在貿易、金融發達之前，無中生有、創造價值才是常態。農夫撒下種子，加上陽光和雨水，種出蔬菜，世界並未因此失去什麼。當然從科學的角度，宇宙萬物在任何情況始終保持零和，但唯有當我們把整個宇宙

通通考慮進去，零和的公式才會成立。當農夫不種植，陽光和雨水只會浪費於無形，種植是透過善用資源，創造出價值。

零和概念是個人發展以至人類進步的絆腳石，在這種心態下，政府開口閉口是城市、國家競爭力；學校強調各種排名；家長想要子女贏在起跑線，即使真的成為思想框架裡面那個贏家，最終也並沒有為世界產生任何價值，贏了別人，輸了自己。與其花精力去想怎樣從別人手中得到更多，還不如開闢還沒發展的領域、善用平白浪費的資源，創造價值。無論創造出來的價值多微小，也讓世界美好了那麼一點點，從零和走到共贏。

劃地不為牢

即使以上概念都能釐清，很多人依然接受不了國家政府以外，民間的群體自行釐定價值、鑄造貨幣。試想想，歷史上人類本來就是這樣一步一步走來，連沒有互聯網、沒有通訊技術甚至沒有印刷術的古人都可以，何況是基於廿一世紀的資訊科技，再加上區塊鏈作為信任機器。但是，困在體制的人，又會提出更多理由，擔心這樣會削弱政府和法定貨幣。這無疑又是零和的思考框架作祟。

　　社群通證要發展起來，不見得法定貨幣要比下去。法定貨幣以民族國家為基礎，無論國家的民族性有多強，反映的始終是衣食住行等物理層面的價值；社群通證完全處於另一維度，衡量個體對社群創造的價值，鑄造和分發通證，反映的是馬斯洛需求金字塔上半部、法定貨幣並不涵蓋的價值。在這個通訊極度發達的時代，個人除了日常生活在民族國家，很多還同時生活在基於特定愛好、理念、目標或者取向的跨國界共同體，比如共享創意、環保組織、同志平權運動、內容愛好者，均是如此。

　　以內容為例，沒有任何法定貨幣會像讚賞公民共和國般，以內容的質量為鑄造和分發基礎，因此造成我們熟悉、視為理所當然的客觀效果：寫作、畫畫、藝術不賺錢，天才如梵高都得潦倒半生。現在科技給社會一個機會以區塊鏈發行跨國界的社群通證，捕捉如自我實現（self-actualization）等上層需求的價值，非但不會讓法定貨幣和民族國家的功能減弱，反而可以互相補足，達到共贏。

　　再說，即使真的要從國與國競爭的角度考量，政府更加應該給予區塊鏈以及密碼貨幣發展空間。商業活動困不住，此國不留人，自有留人處，著名區塊鏈錢包應用 imToken 從杭州遷冊新加坡、最流行的密碼貨幣 Visa 卡 crypto.com 的團隊即使位於香港這個金融中心，都

往新加坡以坡元發卡 [52]，就知道當政府把區塊鏈視爲洪水猛獸，只會把公司和稅收逼走，而諷刺地，本地人依然在使用相關服務。

現代民族國家體制，各國劃分楚河漢界，國界內資源爲該國擁有、事件由該國治理、收入由該國徵稅，一切都是按照物理世界的邏輯。隨著交通便捷、通訊科技發達、跨國互動增加，毋須等到區塊鏈出現，事件、收入的所屬地早就難以定義，大企業資源豐富，用盡各種方式合法避稅，公司離岸註冊、合約離岸簽署、項目離岸執行，選一個地球上徵稅最便宜的國家繳稅就能合法。

在個人層面，數位牧民（digital nomads）、斜槓族（slash）本來就逐漸成潮流，一場新冠肺炎更把遠端工作的模式推快十年，除了本來如 Automattic 等另類公司，執筆時連 Twitter、Facebook 等典型巨企都無限期允許遠端辦公。[53] 即時效果固然是原有團隊在家工作，但接下來就意味著這些公司將不再受簽證等問題所限，環球招聘，全球人才工作選擇大增，誰都可以是數位牧民。種種因素都在說明，以過時的思路壓制區塊鏈的發展，或者強行對「國土內」的商業活動徵重

---

52) 2024 年 6 月翻查資料，該公司現以新加坡爲總部。
53) 疫情過後，包括前身爲 Twitter 的 X 與 Facebook 在內的多家公司都有重新要求員工一定程度上返回辦公室上班。

稅，唯一效果是把這些稅收推到願意與區塊鏈和密碼貨幣共贏的低稅國家，科技越發達，越是如此。

從共贏到共和

區塊鏈和社區通證非但不吃民族國家和法定貨幣的餅，還能產生積極意義。

英殖時代，港府定位小政府，以積極不干預（laissez faire）原則管治，今時今日，政府連市民怎樣吃飯、如何聚會、有否唱歌、腦中想什麼通通要管，不再提起積極不干預，除了撥款時。管治本來就困難，正當性本來就成疑，還要把生活所有層面包攬，民怨不高才怪。

初創講求專注，每家科技巨頭都極度聚焦核心業務，電子商務平台亞馬遜賣書多年，奠定霸主地位才開始擴充業務，而且始終圍繞電子商務；社交霸主 Facebook、搜尋霸主谷歌通通如是，即使已成巨無霸，依然非常專注。其實，政府也一樣，聚焦在公民的核心需要，有所管有所不管，才有可能做好治理。

一場新冠肺炎，清楚告訴世界，醫療、扶貧等基本功能，政府責

無旁貸，有需要時管好邊境是政府的責任。但新冠肺炎同時告訴世界，原來遠端工作、網上學習可行，這些簡單的道理，互聯網原住民固然早就知道，但一隻手掌拍不響，現在連本來不習慣上網的民眾都大躍進，工作、學習、娛樂、聚會，全部都可以在網上找到一片新天空，雖然有時還帶點彆扭，但也有很多互動，體驗更超物理世界。

越來越多價值產生自數位空間，網上生活佔比越來越高，針對數位世界的政治訴求也越來越強，比如 Facebook 政策修訂觸動的神經，就往往比政府的法令引起的反響還要多。對於像香港這種基礎物理設施非常成熟的社會，政府不斷的「鋪橋搭跑道」，邊際效益十分有限，反而改善網絡基建，減少無謂管制，既能爲社會帶來無上限的增值空間，也能爲民間的政治訴求排洪。

互聯網讓資訊跨國流動，區塊鏈讓資產跨國交易，去中心自治組織讓共同體跨國治理。過往，以「虛擬國家」泛指網上社群不過是牽強的類比，但當區塊鏈逐漸把資產甚至憲法數位化，code is law、儼如共和國的去中心自治組織已經看到眉目；十八世紀盧梭的社會契約（social contract），來到廿一世紀，將逐漸改寫成社群智能合約（social smart contract）。民族國家不可能也不需要被取代，但將能更集中治理好物理世界的生活，留白讓區塊鏈共和國填補，創造新的價值，吸

納民眾訴求，充當社會發展的先鋒。

自二十世紀中海德格在內的多名哲學家展開「歷史終結論」的討論，學者一再認為世界已經找到最佳模式，最近的一次是由法蘭西斯・福山（Francis Fukuyama）擴充 1989 年的論文《歷史的終結？》（*The End of History?*），於 1992 年出版的《歷史之終結與最後之人》（*The End of History and the Last Man*）所提出。當時幾十年的冷戰結束，蘇聯解體，福山認為西方國家的自由民主體制是人類社會的最終型態，然而接下來的廿多年，以威權管治的中國經濟崛起，美國 2008 年次按風暴凸顯貨幣濫發對全球帶來的禍害，再於 2016 年選出與傳統美國價值大相逕庭的特朗普為總統，加上英國脫歐，歷史終結論可謂弱不禁風，連福 山本人都說，「二十五年前，我沒有任何概念或理論顯示民主會倒退。現在我認為它顯然是可能的。」（Twenty five years ago, I didn't have a sense or a theory about how democracies can go backward. And I think they clearly can.）

終結的不是歷史，而是政經發展到一個台階後，人類的想像力和社會的接受程度。其實大膽創新、可能大幅改善社會的新論述不是沒有出現，比如全民基本收入（universal basic income，UBI）、《激進市場》（*Radical Markets*）提出的哈伯格稅（Harberger Tax）、平方

投票法（Quadratic Voting，QV）等[54]，都有望從根本出發帶來更公平公義的世界，然而牽涉到深層既得利益和公民教育，基進論述總是難以在社會實踐。

可幸的是，自由進出、開放源碼、沒有歷史包袱的區塊鏈共和國，正好作為民主實驗沙盒，例如民主地球所支撐的去中心自治組織，就實驗全民基本收入和平方投票法，這些組織一邊實踐，一邊快速調整，習而時學之，除了往跨國數位共同體的典範發展，也將為民族國家政府提供寶貴的參考經驗，改善施政。

民族國家與法定貨幣，若能跟區塊鏈共和國與社群通證並存，將能滿足社會不同層次的需求，演繹人類不同層面的價值，互相促進補完，讓單一而扁平的世界，變得多元而立體，超越共贏，走向共和。

---

54) Posner, E. and Weyl, E.G. (2018), Radical Markets: Uprooting Capitalism and Democracy for a Just Society. Princeton: Princeton University Press.

5.6 **習學工作坊 #5**

參與鏈上治理　創造數位民主

「哪怕是再微小的開始，都可能是星火燎原的起點。只要我們參與民主的創造，就是最好的防衛。」──唐鳳

這個最後的習學工作坊，邀請你一起參與 DHK dao 的治理，創造數位民主。

https://ckxpress.com/workshop-5

飛地出版・【創造】書系
《區塊鏈社會學：金錢、媒體與民主的再想像》

作　　　者：　高重建
特 約 編 輯：　楊天帥
封 面 設 計：　劉仁顯
排 版 設 計：　李宜靜

出 版 者：　飛地出版
　　　　　　　　地址：台北市萬華區中華路一段 170-2 號
　　　　　　　　電話：(02) 2371-0300
　　　　　　　　電郵：books@nowhereximen.com

總 編 輯：　張潔平
web3 發行人：　高重建
編 輯：　黃潤宇

印 刷：　搖籃本文化事業有限公司
紙 本 發 行：　大和書報圖書股份有限公司

初 版 發 行：　2024 年 7 月 29 日

國家圖書館出版品預行編目 (CIP) 資料

區塊鏈社會學：金錢、媒體與民主的再想像／高重建著 .--
初版 .-- 臺北市：飛地出版；［新北市］：大和書報圖書
股份有限公司發行，2024.07
216 面；14.8x21 公分 .--（創造書系）
ISBN　978-626-98362-4-6（平裝）

1.CST：電子貨幣　2.CST：電子商務　3.CST：社會學

563.146　　　　　　　　　　　113010781